¡BIENVENIDO A LAS
AZORES!

Vista de Angra do Heroísmo.

Situado en pleno océano Atlántico, casi a medio camino entre América del Norte y Europa, el archipiélago de las Azores está formado por nueve islas. Por todas partes, el océano, decorado con la espuma de sus olas, ofrece una mirada al infinito. Auténtico paraíso ecológico, las Azores son un remanso de paz cuyos colores fascinan a los viajeros. Las múltiples tonalidades verdes de las islas se ven realzadas aquí y allá por el azul perenne de las hortensias que flanquean las carreteras y los caminos. Todos los colores se amplifican cuando el sol se abre paso entre las nubes. El origen volcánico del archipiélago ofrece paisajes espectaculares, desde la caldera de Sete Cidades hasta el Pico, de 2351 metros, la cumbre más alta de Portugal. Las escarpadas costas de basalto y los lagos esmeralda que centellean en el corazón de los volcanes harán las delicias de los excursionistas en busca de una naturaleza salvaje y virgen. Déjese sorprender por una gastronomía tradicional compuesta por excelentes productos regionales: del queso de São Jorge a las dulces plantaciones de piña, sin olvidar el *cozido* de ternera en los vapores sulfurosos de Furnas. Entre el mar y la tierra, ¡despierte sus sueños de aventura! Venga a contemplar a los cetáceos que reinan en el océano y surfee sus olas, a menudo suntuosas, sumérjase en las aguas azules y sorpréndase con la riqueza de los fondos marinos. En tierra, descubra la exuberante vegetación que trepa por las laderas de los cráteres dormidos que se lanzará a conquistar; desde lo alto de los vertiginosos acantilados y los numerosos miradores descubrirá paisajes inmensos. ¡Una experiencia mágica!

AF276505

Turista en la isla de São Miguel.

ÍNDICE

← *hacia Corvo*

GRACIOSA

Santa Cruz
da Graciosa

Praia

TERCEIR

Biscoitos

Caldeira
△1021 m

**PRAIA
DA VITÓRIA**

Santa Bárbara

**ANGRA
DO HEROÍSMO**

Sã
Se

SÃO JORGE

Rosais

Velas

Norte Grande

Calheta

Topo

FAIAL

Praia
do Norte

△ *Caldeira*
1063 m

Madalena

São Roque do Pico

*Pico Alto
2351 m*
△

Castelo Branco

HORTA

S. Mateus

Piedade

Lajes
do Pico

← *hacia Flores*

PICO

CORVO

Vila Nova
do Corvo

Ponta Delgada

FLORES

*Morro Alto
914 m*
△

**SANTA CRUZ
DAS FLORES**

Lajes das Flores

50 km

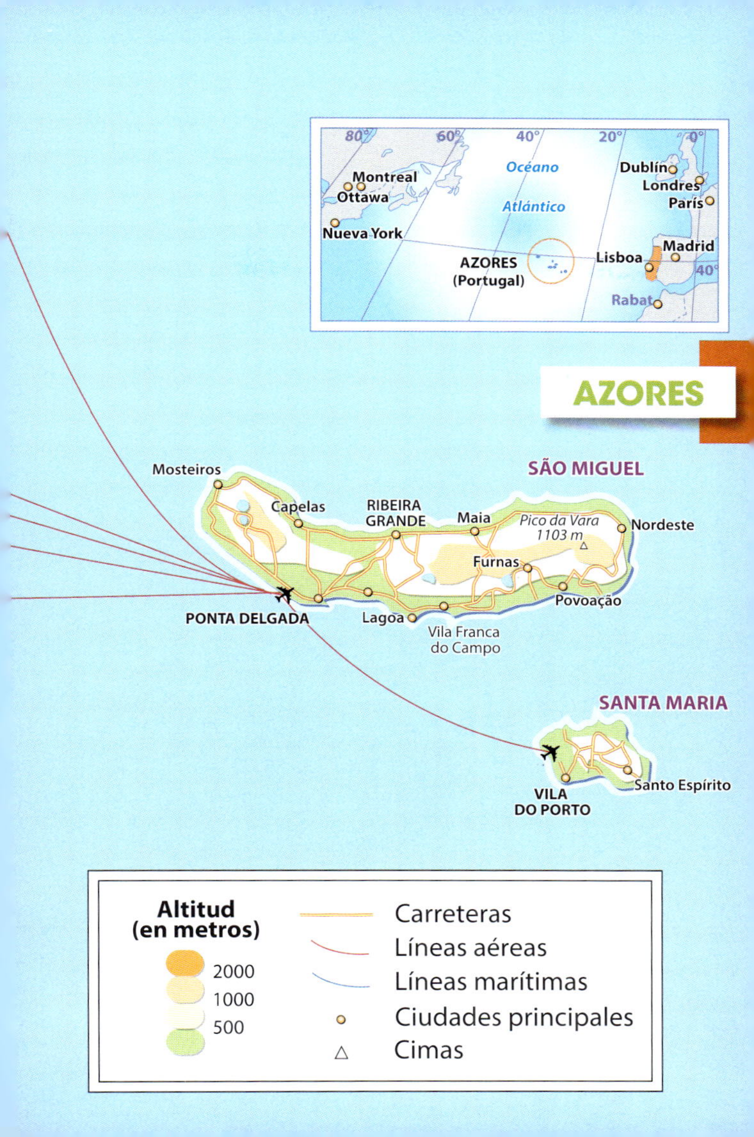

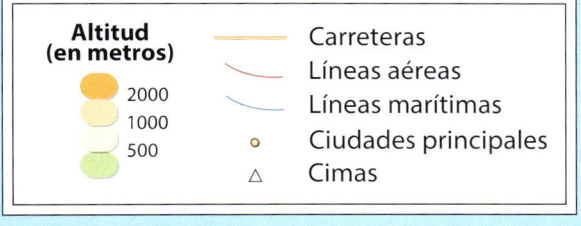

Océano Atlántico

80° 60° 40° 20° 0°

Montreal
Ottawa

Dublín
Londres
París

Nueva York

AZORES
(Portugal)

Lisboa
Madrid

40°

Rabat

AZORES

Mosteiros

Capelas

SÃO MIGUEL

RIBEIRA
GRANDE

Maia

Pico da Vara
1103 m

Nordeste

Furnas

PONTA DELGADA

Lagoa

Povoação

Vila Franca
do Campo

SANTA MARIA

VILA
DO PORTO

Santo Espírito

Altitud
(en metros)

2000
1000
500

Carreteras

Líneas aéreas

Líneas marítimas

Ciudades principales

Cimas

Mirador de la Boca do Inferno, en São Miguel.

DESCUBRE

LO MÁS DESTACADO DE LAS AZORES

Un mundo oceánico

Por supuesto, el mar es aquí omnipresente. Se mire hacia donde se mire, el azul celeste se ve acunado por el blanco de la espuma. Esta presencia ineludible fascina: la impresión de infinito es estimulante. A un lado, la Europa continental; al otro, América. Y en medio, ballenas y delfines que se pueden admirar durante casi todo el año: momentos de emoción inolvidables. Se puede volar sobre las olas, coger un barco, bucear o nadar, degustar pescados y mariscos... ¡el Atlántico está en todas partes!

Paisajes verdes y sorprendentes

La flora de las Azores es el punto culminante del espectáculo. Caminar por un sendero bordeado de centelleantes hortensias azules, mientras aquí y allá grupos de azaleas y agapantos dormitan al pie de altos plátanos, respirando el aire fresco del mar, es un placer incomparable. Casi todo el año, las Azores van ofreciendo nuevas sinfonías de colores y aromas embriagadores. Los volcanes extintos forman un relieve abigarrado que exhibe una gran variedad de paisajes. El entrelazamiento del mar y la tierra, la costa dentada de basalto, la arena negra y las piscinas naturales, los lagos volcánicos, las extrañas fumarolas volcánicas que emergen de las profundidades de la tierra: las Azores son un espectáculo natural delicioso y fácil de disfrutar. Cascadas que se precipitan en gargantas bañadas por el sol, exuberantes colinas verdes que se elevan junto a volcanes extintos, densos bosques que dan paso a apacibles lagos y riberas llenas de sutiles fragancias que se abren a una misteriosa colada de lava convertida en roca basáltica. Llanuras fértiles y montañas lejanas, volcanes brumosos y ciudades despejadas: nuestros sentidos se despiertan a cada instante.

Los volcanes y sus lagos

En las Azores la actividad tectónica se observa por todas partes. El vulcanismo ha dejado aquí huellas fascinantes: Ponta do Pico, el punto más alto de Portugal, con 2351 metros, supone una gran ascensión, y en un día despejado las vistas desde la cumbre son impresionantes; en São Miguel, las fumarolas del lago Furnas y los lagos de cráter de Fogo y Sete Cidades son verdaderas maravillas.

En Faial podrá ver el volcán Capelinhos, que nació... ¡en 1958! Casi setenta años después sigue siendo una especie de desierto de cenizas en proceso de sedimentación. En Flores y Corvo, los lagos de cráter recuerdan un paisaje de Auvernia o Escocia, ¡pero con hortensias y el mar a sus pies! Senderos

© FCG – SHUTTERSTOCK.COM

Terceira, tierra de volcanes.

señalizados, proximidad de ciudades y pueblos: estos volcanes y sus lagos son perfectos para el senderismo y el excursionismo.

Un destino aún a salvo del turismo de masas

Pero, ¿por cuánto tiempo? Aunque la ausencia de grandes playas repletas de cocoteros ha mantenido al archipiélago al margen de la afluencia turística masiva de Madeira o Canarias, es probable que la llegada de los vuelos de bajo coste cambie algo las cosas. De momento, un viaje a las Azores sigue sorprendiendo por la autenticidad: fuera de la temporada estival hay muy pocos turistas, y abundan los espacios abiertos vírgenes, las rutas de senderismo solitarias, las carreteras rurales tranquilas, los pueblos apacibles, las pequeñas ciudades a escala humana y una cálida acogida digna de las islas. ¡Un verdadero pequeño paraíso!

Un rico patrimonio

Se habla mucho de la belleza natural del archipiélago, pero también hay que destacar que la gente ha sabido integrarse perfectamente en esta geografía. La arquitectura colonial portuguesa es sencilla y luminosa: pueblos blancos con bellos balcones y magníficos jardines, y pequeñas ciudades de arquitectura barroca y de los siglos XVIII y XIX. Merece la pena visitar las principales ciudades de las islas: Angra do Heroísmo, declarada Patrimonio Mundial por la Unesco, está repleta de tesoros; Horta, la escala marítima internacional, luce un puerto histórico muy bonito y un casco antiguo encantador; Ponta Delgada también tiene su encanto característico del viejo mundo. Sin olvidar los atractivos paisajes rurales de *bocage,* con sus vacas y sus setos de hortensias: las Azores son un regalo de la naturaleza que el hombre ha sabido hacer suyo con equilibrio y respeto.

FICHA TÉCNICA

LA BANDERA DE LAS AZORES

Región autónoma desde 1976, Azores ha conservado del continente los colores originales de su bandera —el azul y el blanco—. Y también ha mantenido la misma construcción de la bandera de Portugal: un fondo dividido en dos partes que ocupan un tercio y dos tercios del espacio respectivamente, con el escudo de Portugal inscrito en un extremo. El azor, el pájaro dorado de alas desplegadas que domina orgulloso el primer plano de la bandera, es una especie bien conocida en las Azores, aunque nunca se ha registrado ningún ejemplar allí. Pero «azor» se traduce como *açor* en portugués.

Parque Natural da Ribeira dos Caldeirões.

País

▶ **País:** Portugal.

▶ **Nombre oficial del territorio:** Región Autónoma de las Azores.

▶ **Superficie:** 2335 km² repartidos en nueve islas.

Población

▶ **Población:** 241 733 habitantes (en 2022).

▶ **Densidad:** 103,5 habitantes/km².

Economía

▶ **Moneda:** euro.

▶ **PIB:** 4261 millones de dólares (2021).

DESCUBRE

Playa en São Miguel.

▶ **PIB por habitante:** 17 500 euros.

▶ **PIB por sectores:** sector terciario (servicios administrativos públicos, turismo): 77,7 %; sector secundario (construcción, industria de transformación): 15,5 %; sector primario (agricultura, ganadería): 6,8 %.

▶ **Tasa de crecimiento:** +2,7 %.

▶ **Tasa de desempleo:** 8,2 %.

Huso horario

Las Azores se encuentran en el huso horario GMT -1. Durante todo el año,

cuando es mediodía en Madrid, son las diez de la mañana en las Azores. De acuerdo con las leyes de la Unión Europea, el reloj se adelanta una hora el último domingo de marzo y se atrasa una hora el último domingo de octubre.

Clima

Templado. Las temperaturas oscilan entre los 14 °C en invierno y los 23 °C en verano. La temperatura del agua varía entre los 16 y los 23 °C. Pero hay microclimas distintos en las islas e incluso dentro de una misma isla.

Santa Cruz											
Enero	Febrero	Marzo	Abril	Mayo	Junio	Julio	Agosto	Sept.	Octubre	Nov.	Dic.
12°/17°	12°/17°	12°/17°	13°/18°	14°/19°	17°/22°	19°/24°	20°/26°	19°/24°	17°/22°	15°/19°	14°/18°

LAS AZORES EN 10 PALABRAS

Anticiclón

El anticiclón de las Azores, cuyo suave nombre se menciona a menudo en los partes meteorológicos, se disipa a veces como la bruma matinal. De hecho, cuando está instalado justo sobre el archipiélago no es garantía de buen tiempo; es mejor que se aleje un poco. Fueron meteorólogos franceses quienes descubrieron la ubicación del fenómeno en el siglo pasado, y este descubrimiento fue en parte responsable de la creación de la estación de investigación en la isla de Flores. Los azorianos, siempre optimistas y un poco fatalistas, dicen que en las Azores no es raro vivir las cuatro estaciones en un solo día.

Arquitectura

Las Azores forman parte de Portugal y su arquitectura recuerda mucho a la del continente, en particular a la del Alentejo, región de la que procedía la mayoría de los primeros colonos. Pero la abundancia de roca volcánica ha tenido una influencia primordial, ya que allí donde se ve piedra son las entrañas de la Tierra las que aparecen, negras o de un marrón oscuro, en las esquinas de los muros, en los dinteles de las puertas o en los arcos de carga. La isla con una arquitectura más notable es sin duda Terceira, con sus mansiones construidas por ricos armadores y sus coloridas iglesias e *impérios* (capillas).

Artesanía

Cerámica y cestería en todas las islas, *scrimshaw* (esculturas hechas con huesos y dientes de cachalote, cuyo comercio está muy regulado) en las islas balleneras de Pico y Faial, esculturas diáfanas hechas con médula de higuera, bordados, cerámica, guitarras locales, colchas, alfombras...
En las tiendas más turísticas también se pueden encontrar esculturas realizadas con piedras volcánicas. Sin embargo, la artesanía no es realmente la especialidad local.

Autonomía

Alejado de Lisboa, el archipiélago siempre ha gozado de una relativa autonomía, que es oficial desde la Constitución de 1976: las Azores están administradas por un gobierno regional y una asamblea legislativa local. Aunque apenas se reclama la independencia, ningún azoriano aceptaría la injerencia del gobierno central en los asuntos locales. Además, los azorianos aplican su propia sensibilidad política, distinta de la portuguesa y adaptada a su particular entorno. Más prósperos económicamente que el continente, más respetuosos con el medio ambiente y más liberados de problemas sociales, harían muy mal en renunciar a la autonomía política que han adquirido tras largas negociaciones.

© COGITO_ERGO_SUM – ISTOCKPHOTO.COM

Cerámica de las Azores.

Ballenas

El animal mítico de las Azores, la ballena —o más exactamente el cachalote—, seguía cazándose hasta 1987, sobre todo en las islas del grupo central. Pero no a la manera de los buques factoría japoneses o noruegos, con sus cañones y su elevada productividad: hasta el final, se cazaba con remos y arpones. La leyenda de la ballena Moby Dick sigue viva en las Azores, sobre todo en Lajes do Pico, Capelas (isla de São Miguel) y Flores. Y los viejos balleneros están lejos de ser viejos. Cuando hace buen tiempo, se puede salir al mar para avistar la gran ballena, en excursiones que se organizan desde la mayoría de las islas, con un coste de entre 50 y 100 euros por persona. Horta es el mejor lugar para esta actividad, ya que el corredor marino del archipiélago central es la zona más rica en cachalotes. A veces estos animales pueden verse incluso desde el ferri interinsular, o también desde la costa.

Colores

Cada isla está asociada a un color, que corresponde a la vegetación, la tierra o el imaginario. São Miguel es conocida como «la isla verde», Faial es azul, Graciosa se viste de blanco, Santa María ve la vida en rosa, Flores es amarilla, São Jorge marrón, Terceira lila, Corvo gris y Pico es negro basalto.

Hortensias

Originaria de Asia e introducida en las islas por los portugueses, este magnífico arbusto de flores rosas, lilas y violetas se ha convertido en una auténtica mascota del archipiélago. Utilizada por los agricultores para delimitar los setos de sus cercados, pero también para decorar los márgenes de los caminos, esta planta ha proliferado por todo el archipiélago y también se ha instalado en lugares salvajes (las laderas y los cráteres de los volcanes). Confiere un carácter insólito, romántico y original a los paisajes de la isla.

Favorecidas por el clima subtropical, las hortensias de las Azores tienen un tamaño colosal. Florecen desde finales de mayo hasta finales de agosto, siendo junio y julio los mejores meses para disfrutar de su floración, que ilumina todo el archipiélago.

Espíritu Santo

Desempeña un papel fundamental en la vida de los azorianos, especialmente durante las ocho semanas de la fiesta del Espíritu Santo, que se celebra cada año en las nueve islas entre el Domingo de Resurrección y el Domingo de la Trinidad. Introducidas en Portugal en el siglo XIV, estas celebraciones han conservado su vitalidad en el archipiélago. Hoy en día, cada isla tiene su propio ritual específico para las fiestas, pero en todas partes siguen siendo un acontecimiento importante que los lugareños preparan a veces con varios años de antelación.

Vaca de la isla de Terceira.

Té

Por sorprendente que parezca, las Azores son el único lugar de Europa donde se cultiva té. Las primeras plantaciones se establecieron en São Miguel, en 1870, como alternativa sensata al cultivo del naranjo, en grave crisis durante la segunda mitad del siglo XIX. Ocho años más tarde, la llegada a la isla de dos chinos procedentes de Macao propició la primera cosecha y la preparación de las hojas. Dieciocho kilos de té se exportaron entonces a las capitales británica, francesa y portuguesa: se iniciaba la cultura del té en las islas. Hoy existen dos fábricas de té en la costa norte: una en Porto Formoso y otra en Maia. Puede visitarlas y degustar su producto y, por supuesto, llevarse un poco a casa en el equipaje.

Vacas

¡Otra mascota de las Azores! Las vacas forman parte del paisaje de soto tan típico de las islas. Encontrará principalmente vacas blancas y negras de la raza frisona, originaria de los Países Bajos, ¡otro testimonio más del legado de los neerlandeses en el archipiélago! Han sido seleccionadas por su gran capacidad como vacas lecheras. La ramo grande, importada por los portugueses del continente, ha forjado su propia identidad azoriana. Resultado de un posible cruce entre una raza inglesa y otra portuguesa, debe su nombre a la llanura de Ramo Grande, en la isla de Terceira. De pelaje rubio a marrón rojizo, cada vez adquiere más prestigio por la calidad de su carne. Por último, en las Azores hay más vacas que azorianos. No es raro cruzarse en la carretera con un rebaño conducido por su ganadero. Así que ármese de paciencia y admire el paisaje y los traseros de las animales...

PINCELADAS SOBRE LAS AZORES

Geografía

El archipiélago de las Azores está formado por nueve islas principales situadas entre los 36° 55' y los 39° 43' de latitud norte (Santa Maria y Corvo) y entre los 24° 46' y los 31° 16' de longitud oeste (Formigas y el islote de Monchique, cerca de Flores). Forma parte de la Macaronesia, un grupo de islas que comprende las Azores, las Canarias, Cabo Verde y Madeira. Se extiende a lo largo de casi 600 kilómetros, a unas 760 millas náuticas al oeste de Lisboa y unas 2110 millas náuticas al este de Estados Unidos. El archipiélago se divide generalmente en tres grupos principales de islas: el grupo oriental (São Miguel y Santa Maria), el grupo central (Terceira, Graciosa, São Jorge, Pico y Faial) y el grupo occidental (Flores y Corvo). Tiene una superficie total de 2335 kilómetros cuadrados.

▶ **Azores orientales.** El más oriental de los tres grupos de islas del archipiélago dista unos 1500 km de la costa portuguesa, 2000 km de la costa marroquí y 150 km de las Azores centrales. Incluye la isla mayor, São Miguel, con la capital del archipiélago, Ponta Delgada, y la isla de Santa Maria, especialmente popular por sus playas.

▶ **Azores centrales.** Las Azores centrales son el mayor de los tres grupos de islas del archipiélago. También es el grupo con las islas más próximas entre sí. Terceira, São Jorge, Pico, Faial y Graciosa están más interrelacionadas que el resto de las islas. Aquí encontrará más contrastes, ya que cada isla tiene su propio carácter.

Dependiendo de la temporada, también podrá viajar en barco de isla a isla, mientras que para conectar los tres grupos de islas tendrá que tomar un avión. Si cruza por mar, es muy posible que pueda avistar bancos de delfines... o incluso cachalotes.

Si quiere ver la mayor diversidad posible en las Azores y solo tiene tiempo para visitar un grupo de islas, este es el que debe elegir. Entre el volcán de Pico, el puerto de Horta, los paisajes rurales de São Jorge y Graciosa y la bella arquitectura de Angra do Heroísmo, en Terceira, las posibilidades son numerosas, y es claramente aquí donde el patrimonio humano es más interesante. Las Azores centrales se hallan a unos 150 km de las Azores occidentales y a 250 km de las Azores orientales.

▶ **Azores occidentales.** En el extremo occidental del archipiélago, Flores y Corvo están separadas de las Azores centrales por unos 150 km de agua, y de las Azores orientales por unos 500 km.

Son el último bastión de Europa. Sus habitantes tienen la mirada clavada hacia el otro lado, hacia América, que está a solo dos tercios de trayecto cuando uno viene de Europa.

De hecho, hacia allí emigran de forma natural los habitantes de esta curiosa tierra perdida en medio del mar. 450 habitantes en Corvo, 4000 en Flores... que solo tiene 141,4 km², mientras que Corvo tiene... ¡17! Un mundo muy pequeño pero con una belleza natural majestuosa. Y por todos lados, el océano.

Clima

En invierno, el archipiélago no es un destino de playas y cocoteros pero, aunque llueva mucho, las temperaturas son bastante suaves; en verano el tiempo puede cambiar rápidamente, pero las temperaturas son muy agradables. Sin embargo, cada isla tiene su propio clima y microclimas, sobre todo en las *fajãs* o en las zonas altas. No es raro, por ejemplo, que Ponta do Pico esté envuelta en nubes mientras en la costa el tiempo es radiante. Las temperaturas oscilan entre los 14 °C en invierno y los 23 °C en verano, pero a veces pueden descender hasta los 5 °C, sobre todo a mayor altitud. Por el contrario, en los días calurosos de verano las temperaturas pueden alcanzar casi los 30 °C en la costa. De octubre a abril las lluvias son frecuentes, pero suelen ir seguidas de magníficos claros, y el tiempo suele ser suave. La niebla puede ser persistente en las zonas altas y el viento muy fuerte, llegando a impedir el despegue de los aviones o la salida de los barcos. De mayo a septiembre, el clima es más estable, el calor nunca es sofocante y la temperatura del agua es muy agradable, pero no se deje engañar: las cumbres pueden ser igual de brumosas y el viento fuerte.

Medioambiente

Los azorianos aman su archipiélago, las flores y la tranquilidad. Sin duda, son más concienzudos que sus compatriotas del continente, que no dudan en arrojar papeles, cajas y otros envoltorios por las ventanillas de los coches, ensuciando el suelo y dejando algunos lugares con una auténtica alfombra de basura.

Paisaje volcánico de las Azores.

EL FAMOSO ANTICICLÓN

Para los no iniciados, a menudo las Azores solo son conocidas por los partes meteorológicos que mencionan la presencia de un determinado anticiclón. Se trata de uno de los fenómenos meteorológicos más conocidos porque influye directamente en el clima europeo.

Se trata en realidad del anticiclón del Atlántico norte, que se divide en anticiclón de las Bermudas y anticiclón de las Azores. Un anticiclón es una zona atmosférica de altas presiones. En el hemisferio norte, los vientos fluyen en el sentido de las agujas del reloj. Este fenómeno genera buen tiempo, ya que el aire que se calienta es relativamente seco.

El sistema anticiclónico Bermudas-Azores se desplaza con las estaciones: se centra en el triángulo de las Bermudas en verano y otoño, y en las Azores en invierno y primavera. Este fenómeno es en gran parte responsable del clima cálido o templado de América del Norte y Europa occidental, ya que transporta aire caliente desde las Antillas. De ahí los veranos abrasadores de América del Norte y los inviernos suaves de Europa occidental y las Azores, protegidos de las corrientes de aire frío procedentes del Atlántico norte y del Ártico.

DESCUBRE

El archipiélago está, pues, lejos de ser un vertedero. Los miradores, que a menudo son también áreas de pícnic, están muy cuidados, y la atención que se presta a los setos de flores que alegran el paisaje azoriano es realmente admirable. Está claro que a la gente le gusta adornar su isla con las mejores galas, como para seducir al paseante, y la disposición de los pequeños campos rodeados de muros bajos de basalto es un verdadero regalo para la vista.

Sin embargo, esto no ha impedido la deforestación intensiva. No olvidemos que las islas estaban totalmente cubiertas de bosques en la época de los descubrimientos. Contemplar la vegetación primitiva del archipiélago es ahora un lujo. De hecho, ha surgido un nuevo problema: la importación de numerosas especies vegetales ha alterado profundamente el paisaje, cuando la intención original era hacerlo más atractivo. La *Cryptomeria japonica*, introducida hace unos cien años, crea un paisaje pintoresco, pero su proliferación perjudica el desarrollo de la vegetación autóctona; aún más problemático es el caso del *Pittosporum*, tan extendido que está impidiendo el crecimiento de las hayas, especie endémica del archipiélago (Faia significa «haya» en portugués), muy exigentes con la luz y emparentadas con el *Pittosporum*.

Por último, la *conteira* (*Hedychium gardnerianum*) o jengibre blanco, con sus brillantes ramilletes de flores de color amarillo dorado, se importó para embellecer los caminos, pero se ha revelado como una verdadera molestia, introduciéndose por doquier como una indeseable: sus rizomas forman una masa compacta en el suelo que impide el crecimiento de otras plantas.

En realidad, se trata de una cannácea silvestre (*Hedychium gardnerianum*) originaria del Himalaya oriental (Nepal y Sikkim), prima del jengibre, que algunos consideran el *Hedychium* más bello. Esta planta alcanza los dos metros de altura y sus flores desprenden una fragancia embriagadora. Todo hace temer que la flora de las Azores se empobrezca si no se hace algo para contrarrestar su desarrollo. Afortunadamente, muchos parques garantizan hoy la supervivencia de ciertas especies endémicas y animan a los visitantes a implicarse más en la protección de la naturaleza. Por el momento, el desarrollo turístico se centra en el lado auténtico y salvaje del archipiélago, atrayendo a un tipo de viajero amante de los grandes espacios y respetuoso con el medio ambiente. Sin embargo, la explosión turística que podría producirse en los próximos años podría poner en peligro este frágil equilibrio.

© PERCDS – ISTOCKPHOTO.COM

Delfines en las Azores.

Flora y fauna

Fauna

Cuando los primeros colonos portugueses llegaron a las Azores, el archipiélago carecía por completo de especies endémicas de mamíferos y aves. Sin embargo, desde entonces se han introducido muchos especímenes, lo que confiere a la fauna local un grado de diversidad similar al de la Europa continental.

Flora

En las Azores se han registrado unas 850 plantas; sesenta son endémicas, mientras que el resto ha sido importada por el hombre. Las especies endémicas más notables son el laurel, el brezo, el cedro y el enebro (*Juniperus brevifolia*). La elevada humedad también favorece los suelos musgosos. ¡Hay más de cuatrocientas especies diferentes en el archipiélago! Una de las especies introducidas más interesantes es el drago (*Dracaena draco*), importado del archipiélago de Cabo Verde.

Un viento cargado de sal oceánica, el «mata vacas», causa daños a la vegetación y a los rebaños. También dificulta parcialmente el desarrollo del bosque natural, que tiende a confinarse en barrancos, grietas y cumbres inaccesibles. Por último, el *Pittosporum*, muy extendido y que está cambiando el paisaje de las Azores de forma bastante radical, se introdujo hace mucho tiempo para proteger los naranjos.

São Miguel (hacia el Pico da Vara), Pico (ruta transversal hacia el interior) o Terceira (hacia la Serra da Santa Bárbara) son las mejores alternativas para admirar la flora endémica.

Los grandes descubrimientos y el Imperio portugués

Prudentes, los historiadores creen actualmente que las islas fueron descubiertas por los portugueses a su regreso de Madeira. Sin embargo, antiguos mapas italianos, como el Atlas Medicis de 1351, mencionan un grupo de siete islas que bien podrían ser nuestro archipiélago, y que responden a los apacibles nombres de Cabreras, en el este, Insule de Brazi, Colombi Ventura y San Zorzo en el centro, y al norte Corvi Morini (cuervos del mar). Además, algunos rastros en la isla de Corvo sugieren que los vikingos se detuvieron allí alrededor del siglo X.

Dada la confusión en torno a las fechas exactas del descubrimiento del archipiélago, algunos han sugerido que la existencia de las islas se mantuvo en secreto por temor a la piratería hispana o italiana. Una confusión similar rodea el nombre de su descubridor. La tesis más popular habla de Gonçalo Velho Cabral, un monje que había forjado su carácter ejecutando a algunos infieles durante las Cruzadas. Enviado por Enrique el Navegante para tomar posesión de la isla en nombre de Portugal el 15 de agosto de 1432, la llamó Santa Maria.

La «invención» de las Azores portuguesas

Por orden, los navegantes portugueses descubrieron posteriormente São Miguel, Terceira, Graciosa, Pico, Faial, São Jorge y, finalmente, Flores y Corvo. En cuanto al nombre genérico de las Azores, procede de los numerosos pájaros que los primeros navegantes vieron sovrebolando sus embarcaciones, y que tomaron por buitres (azores en portugués). Los buitres solo eran milanos, pero el nombre se quedó. Otra explicación es que el topónimo es el resultado de un error de pronunciación. «Azul» se llama también azul en portugués, pero los marineros españoles lo habrían pronunciado mal, fonéticamente [azor]. Azores provendría pues de «las islas azules». Podemos suponer que sus primeros habitantes se guiaron por el interés de establecer una base naval en la ruta hacia las Indias. En cualquier caso, y esta vez según fuentes contrastadas, Gonçalo Velho fue el gran instigador del poblamiento de las islas, dejando primero que proliferaran las ovejas, los cerdos, los caballos y otro ganado para ver si todos eran capaces de sobrevivir y reproducirse. Si ellos podían, los hombres también. Y así fue.

Una escala marítima en la edad de oro de la navegación: mercaderes y piratas

Escala en la ruta hacia las Indias, abrigo en medio de un océano a menudo violento, las Azores sirvieron de refugio a muchos barcos cargados de riquezas que despertaron el apetito de los piratas y la codicia de las potencias rivales de Portugal. Terceira se convirtió en un verdadero centro del comercio transatlántico.

Los barcos procedentes de Brasil o de Centroamérica descargaban sus mercancías (oro, especias, marfil, maderas preciosas) en la isla y otros las llevaban a Europa. De este modo, los armadores conseguían un ahorro considerable y el riesgo de naufragio era mucho menor. Había no menos de diez nacionalidades de mercaderes estacionados permanentemente en la isla: holandeses, ingleses, españoles, franceses... Una verdadera Venecia en medio del Atlántico. Un número aún desconocido de galeones yace sumergido en las claras aguas que rodean las nueve islas de las Azores. Fueron atacados por piratas o corsarios, hundidos por tormentas, y con sus tripulaciones y sus tesoros se fue el recuerdo de sus viajes y sus naufragios. A lo largo de la costa de la isla de Terceira se encuentran veloces carabelas, fragatas con cañones de bronce o esos voluminosos barcos que unían las costas africanas con Portugal a través de las Azores. Memoria de una época llena de furia y mitos, esta isla es un verdadero museo hundido que espera ser desenterrado.

Dominio español

Sin embargo, la historia de las Azores no se limita a una batalla perpetua con los piratas. Dramáticos acontecimientos no tardaron en redibujar el mapa del mundo ibérico y dejaron su huella en la vida del archipiélago. A pesar de la opinión de una parte de su corte, el rey de Portugal, Dom Sebastião, partió hacia África para doblegar a algunos infieles al frente de una armada de unas 800 velas. Fue una catástrofe: el 4 de agosto de 1578 fue aplastado en Alcazarquivir (actual Marruecos) con todas sus tropas, y él mismo perdió la vida. Mucha gente no

creía en su desaparición y esperaba su regreso, pero en la práctica no había herederos (ya que el rey fallecido no tenía hijos). Dos contendientes reclamaban el trono: Felipe II de España, su primo (al que Dom Sebastião había pedido ayuda en vano poco antes de su trágica e inútil cruzada), dueño de uno de los ejércitos más poderosos del mundo; y Dom António, padre superior de Crato, su primo hermano. Dom António fue inicialmente proclamado rey en Santarém en 1580, pero el rey de España lo derrotó poco después en la batalla de Alcántara. Todo el país cayó bajo el yugo hispano. ¿Todo? No, una isla siguió resistiendo al invasor: Terceira, en las Azores. Allí, el corregedor (una especie de fiscal o magistrado civil que gestionaba los asuntos administrativos y judiciales de una región), Cipriâo de Figueredo, se puso del lado de Dom António y derrotó a los españoles en la batalla de Salga, el 25 de julio de 1581, con la ayuda del ganado, que fue lanzado contra las tropas enemigas. El lema del capitán era elocuente: «Sería mejor morir libre que vivir subyugado en paz». Más tarde, Dom António nombró a Manuel da Silva para que lo representara, y todas las Azores se pusieron del lado del prior, excepto São Miguel y Santa Maria. Serían necesarios tres años de guerra, durante los cuales los barcos franceses echarían de vez en cuando una mano a los azorianos, antes de que Felipe II impusiera finalmente su autoridad tras una dura batalla en Terceira, cerca de Praia da Vitória. Durante tres años, esta isla sería el único foco de la autonomía del archipiélago. No fue hasta 1640, tras la restauración de la independencia portuguesa, cuando las Azores volverían al redil continental.

Restauración de la soberanía portuguesa

Los capitanes donatarios eran bastante independientes de Lisboa y a veces actuaban como verdaderos virreyes con grandes poderes. Tal vez para limitar su autoridad, Sebastião José de Carvalho e Melo, más conocido como el marqués de Pombal, decidió en 1766 crear una capitanía general, con sede en Angra, y nombrar para este cargo a una persona de confianza: los gobernadores serían delegados del gobierno de Lisboa en las islas. Sin embargo, todos los capitanes generales procedían de tierra firme (excepto uno), por lo que tomaban decisiones a veces inapropiadas que solo servían para dividir aún más a la población del archipiélago. En 1717, un cisma religioso en el seno de la orden franciscana, cuyo poder espiritual en las Azores persistía desde los primeros tiempos del descubrimiento, separó las islas en dos provincias distintas (Angra y Ponta Delgada) y alimentó la confusión política y la división del archipiélago en dos zonas de influencia.

Finalmente, en 1808, en Faial, el prestigio de los conventos de monjas se vio dañado por el improbable secuestro de algunas monjas un poco revoltosas por parte de oficiales ingleses. Las tensiones que se habían estado cocinando a fuego lento durante tanto tiempo tenían que encontrar una forma de expresarse. Aunque las Azores se convirtieron en una provincia de Portugal por decreto el 26 de enero de 1771, posteriormente fueron tratadas más como una colonia. Así, inevitablemente, São Miguel inició un movimiento de emancipación a principios del siglo XIX; una isla bastante rica no podía soportar que el gobierno general tuviera su sede en Angra y que el dinero se transportara siempre hacia allí. Quería decidir su propio futuro y mantener cierto control sobre el Tesoro. Todo el archipiélago buscaba su identidad, mientras Napoleón invadía Portugal en 1807, tras el Tratado de Fontainebleau con España, obligando a la reina y a la corte a huir a Brasil. En esa época, los ingleses desembarcaron en Madeira y las Azores, oficialmente como protectores, y los cónsules británicos pronto se convirtieron en verdaderos poderes paralelos.

La guerra civil

El 1 de marzo de 1821 estalló una revuelta en Ponta Delgada dirigida por Noronha y João Soares de Albergaria, quienes proclamaron un gobierno provisional de la isla de São Miguel, fiel a la Constitución y al gobierno. Este organizaba entonces en las Asambleas de Oporto y Lisboa, tras la expulsión de Beresford. La nueva autoridad de São Miguel desafió su subordinación a Terceira, cuyo gobierno fue acusado de despilfarrar el Tesoro y abusar de la influencia del obispado. El continente reconoció esta nueva autoridad y separó las dos islas orientales del resto, que seguían sometidas al capitán general. En 1826, Pedro IV, también emperador de Brasil, fue nombrado rey, pero abdicó en favor de su hija Maria, mientras su propio hermano, Miguel, se convertía en regente. Sin embargo, en 1828, Miguel usurpó el trono, abolió todos los fueros y se declaró rey absoluto. Todas las islas del archipiélago lo aceptaron como rey excepto Terceira, donde los constantes conflictos entre liberales y absolutistas desgarraron a la población.

Al mismo tiempo, Pedro IV fue depuesto en Brasil y pensó en hacerse con la corona portuguesa. Terceira, que le era fiel, se proclamó capital del reino de Portugal en su nombre y en el de Doña María, el 28 de octubre de 1828, y Vila Flor fue nombrado capitán general. En agosto de 1829, Sousa Prego intentó someter a Terceira por la fuerza desembarcando con 3500 hombres: los liberales ganaron finalmente la batalla, tras una lucha fratricida en la que murieron no menos de mil desgraciados. Gracias a esta victoria, Praia se ganó el nombre de Praia da Vitória. Poco a poco, los liberales (también llamados constitucionalistas, ya que se sometieron a la Constitución y no al absolutismo de Dom Miguel), lograron conquistar las demás islas del archipiélago, mientras que todos los miguelistas (partidarios de Dom Miguel) huyeron a São Miguel. Fue allí donde los partidarios de Dom Pedro lanzaron su ofensiva final el 1 de agosto de 1831: los absolutistas fueron final-mente derrotados en Ladeira da Velha, y Sousa Prego huyó bajo protección británica. Este fue el fin del régimen de los capitanes generales. Se extrajo una importante lección: el intento de unificar las Azores había fracasado; de hecho, el concepto de centralización no era en absoluto una realidad en el archipié-lago. Tras establecer allí un consejo de regencia, en 1834 Dom Pedro IV utilizó Terceira como base para una expedición a la costa portuguesa al frente de su ejército. Recuperando la corona a costa de su hermano, introdujo a Portugal en la era moderna y a Terceira en la historia, renombrando la capital de la isla Angra do Heroísmo en recuerdo del apoyo que le había prestado.

Las Azores en el siglo XX

Durante la época contemporánea, la historia de las Azores es más tranquila. Las divisiones no cesaron, pero poco a poco las tensiones se redujeron y el archipiélago entró en la era industrial.

Angra do Heroísmo.

El primer cable submarino transatlántico conectó Faial con el resto del mundo, las islas se fueron abriendo al exterior y comenzó la hemorragia de las emigraciones a gran escala: la situación económica, al mismo tiempo, no era precisamente halagüeña. Mientras muchos isleños se dirigían a América en busca de una vida más cómoda y menos asfixiante, miles de barcos y navegantes llegaban a los puertos del archipiélago, benévolas escalas en medio del océano. Más tarde, como la posición estratégica de las islas había despertado la codicia de los contendientes durante la Segunda Guerra Mundial, al acercarse el final del conflicto, Salazar, el triste y pragmático dictador portugués, pensó que sería prudente dejar que los aliados se instalaran allí. Según algunos relatos locales, hubo ocasionales intercambios de chistes entre los operadores de radio alemanes y británicos establecidos en Faial, que acabaron en el café de la esquina. Los estadounidenses aún no se han marchado, y su base de Lajes, en Terceira, aunque ha disminuido su importancia, sigue activa; allí se reunieron George Bush, Tony Blair y José María Aznar los días 16 y 17 de marzo de 2003 para discutir sobre la crisis de Irak y «dar una última oportunidad a la diplomacia». Es lo que se conoce como la «Cumbre de las Azores». La revolución portuguesa de los claveles, en abril de 1974, añadió un último toque de inquietud a las islas. Dado que la población solo se inclinaba moderadamente por el tema del poder obrero, los acontecimientos de Lisboa (con la ayuda de la información cuidadosamente seleccionada por la Iglesia) parecían especialmente preocupantes desde la distancia. Durante los primeros meses de la revolución, el miedo al comunismo, tanto por parte de la población como de los estadounidenses, que temían la desaparición de su estratégica base militar, dio lugar a un movimiento independentista. Pero los acontecimientos que siguieron devolvieron a los azorianos a su calma habitual, satisfechos por el estatuto de región autónoma que se les concedió en 1976. La entrada de Portugal a la Comunidad Europea en 1986 convenció casi definitivamente a los últimos escépticos, que encontraron en las ayudas de Bruselas a las regiones periféricas argumentos sólidos para convencerlos. Este es el estatus del que gozan las Azores en la actualidad, con un gobierno regional cuyos distintos órganos se reparten entre Ponta Delgada (São Miguel), Angra do Heroísmo (Terceira) y Horta (Faial).

Un trozo de la Unión Europea

Tras su adhesión a la Unión Europea, las Azores fueron reconocidas como región ultraperiférica (RUP) de la UE en 1997. Las RUP son territorios que forman parte de la Unión Europea pero que están situados fuera del continente. Estas regiones gozan de un estatus especial y tienen ventajas, sobre todo en materia de fiscalidad. En el caso de las Azores, la insularidad, el terreno volcánico y la distancia al continente son obstáculos para su desarrollo. Por ello, estas islas reciben una compensación económica bastante importante de la Unión Europea. Tras casi treinta años de gobierno del Partido Socialista (PS), de nuevo una coalición de derechas, liderada por el opositor Partido Socialdemócrata (PSD), ganó las elecciones regionales de febrero de 2024, anticipando el cambio de gobierno en el país.

POBLACIÓN

Demografía

El poblamiento de las Azores es un poblamiento colonial, resultado de seis siglos de existencia de las islas en el seno del Imperio portugués y, posteriormente, del Estado de Portugal. La mayoría de los habitantes del archipiélago descienden de colonos portugueses, sobre todo de las regiones del Alentejo y el Algarve, en el sur de Portugal. Además, se invitó a otras poblaciones a establecerse aquí, principalmente por los reyes portugueses que organizaban el desarrollo de sus nuevos territorios. En la década de 1490, numerosos flamencos se instalaron en Terceira, Pico, Faial, São Jorge y Flores. Flandes estaba superpoblada y los reyes conquistadores necesitaban gente para acondicionar la tierra y hacerla productiva... A lo largo de la historia, las Azores fueron denominadas en ocasiones «las islas flamencas»; esta herencia cultural se puede constatar hoy en día con el queso parecido al gouda, los molinos de viento, muy flamencos, y quizás también con la forma de organizarse de los azorianos, definitivamente más germánica que la de sus conciudadanos del continente...

Con el paso de los siglos, otras poblaciones han contribuido a la creación de este *crisol* azoriano. Entre ellas, las víctimas de persecuciones: judíos sefardíes de la península Ibérica, musulmanes..., así como españoles, franceses, italianos o ingleses que huían de las leyes de sus propios países.

La mezcla de poblaciones fue perfecta, y hoy ya no existen grupos étnicos verdaderamente separados entre la población de las islas.

Idiomas

El portugués que se habla en las Azores es distinto al del continente. El aislamiento geográfico del archipiélago, el clima, la lucha constante contra los elementos y un estatus social más bien bajo a lo largo de los siglos han contribuido a preservar una lengua arcaica. Así, se dice *dês* en lugar de *desde, conhecença* en lugar de *conhecer,* etcétera. Algunas palabras son incluso completamente desconocidas en Lisboa. São Jorge es la isla que mejor ha conservado sus peculiaridades insulares y, por tanto, los arcaísmos lingüísticos de sus habitantes originales.

Pero, como es típico de la cultura del archipiélago, hay casi tantas lenguas azorianas como islas. Para ser precisos, existen tres tipos de lenguas: la de São Miguel, próxima a como se habla en el Algarve o el Alentejo, la de Terceira y la del resto de islas. Por ejemplo, *caçoila* significa *caçarola* (olla) en Terceira, pero *guisado de carne* en São Miguel; mientras que el sonido «ei» se pronuncia como una «ê» en Ponta Delgada, el diptongo es más pronunciado en Terceira y aún más en Faial (casi como una «ai»). En cuanto a la fonética, la lengua de São Miguel es realmente especial: los sonidos son «afrancesados», con «ou» (como la *u*) y «ü» (como la *y*).

Ayuntamiento de Ponta Delgada.

Estilo de vida

▶ **Sanidad.** He aquí algunos datos para hacerse una idea de la situación sanitaria en el archipiélago y convencer a los más reticentes de que no nos vamos al Amazonas, aunque aún haya margen de mejora. Cada isla dispone de un centro médico cualificado para tratar heridas o enfermedades leves. Para operaciones más complejas, los pacientes son trasladados a São Miguel o a Terceira, a hospitales mejor equipados. La calidad del sistema sanitario de las Azores es tan buena como en el Portugal continental o en España. No olvide que está en la Unión Europea, ¡aunque se encuentre en medio del océano Atlántico! Con la Tarjeta Sanitaria Europea podrá acceder sin coste a los servicios médicos, como si estuviera en España. En cuanto a los hospitales, el mejor equipado del archipiélago es el de Ponta Delgada, en São Miguel.

Religión

Católicos en un 99 %, los azorianos son muy religiosos. Prueba de ello es que este archipiélago es el único lugar del mundo que cuenta con un estadio con el nombre de Juan Pablo II, inaugurado cuando este Papa visitó São Miguel en 1991. ¡Y el aeropuerto de la isla también lleva el nombre de este ilustre Santo Padre! Las creencias de los azorianos se acompañan de un fervor poco común y a menudo se transforman en misticismo durante las fiestas religiosas.

La vida social del archipiélago está indisolublemente ligada a su vida religiosa, como atestiguan las numerosas iglesias. Los azorianos no tienen un pasado *pagano,* por lo que son católicos *naturales.* Al mismo tiempo, los abusos de la autoridad eclesiástica, que a menudo se ha beneficiado de privilegios e indulgencias, ha engendrado un sentimiento anticlerical en todo el archipiélago.

Los azorianos creen tanto en el Señor Santo Cristo como en el destino y la superstición. Dado que las tradiciones del archipiélago son principalmente orales, la frontera entre lo sagrado y lo profano es tenue. Como resultado, durante las diversas festividades, los rituales más populares se mezclan a menudo con reglas religiosas codificadas.

Evidentemente, la gente puede burlarse de los sacerdotes, pero adoran al Espíritu Santo. El culto a los muertos, aún hoy muy extendido, como demuestra el color negro de la ropa de las mujeres cuando quedan viudas, es también un rasgo notable de la religiosidad azoriana.

▶ **Supersticiones.** Una canción popular de São Miguel, *Tanchão*, dice que «es triste ser mujer: si es guapa, es sospechosa; si es fea, nadie la quiere». Tradicionalmente, las mujeres se vestían de negro cuando enviudaban; si esta costumbre nos parece hoy arcaica, basta con pasearse por São Miguel, por ejemplo, para comprobar que sigue estando muy presente entre las generaciones mayores.

Hasta principios del siglo XVIII, a veces se prohibía a las mujeres participar en las peregrinaciones: ¡se decía que eran discípulas de Satanás! Los archivos parroquiales dan testimonio de tales temores delirantes; por ejemplo, un texto parroquial de Ponta Delgada, de 1698, advierte contra la presencia de mujeres en las *romarias*, pues se decía que daban rienda suelta a sus «apetitos desordenados». Sin embargo, ¡hay que decir que hoy en día hay más mujeres que hombres en las iglesias!

Otras creencias igualmente descabelladas afirmaban que si la primera persona que entrara en una tienda recién inaugurada era una mujer, ¡más valía ir pensando en cerrar el negocio! Y si, además, entraba con el pie izquierdo, ¡era aconsejable bajar la persiana de inmediato!

De hecho, toda una tradición milenaria, alimentada por la Iglesia, ha tratado de relegar a la mujer a un papel secundario, tanto en la vida privada como en el escenario social.

© KAJ2RPHOTOGRAPHY – SHUTTERSTOCK.COM

Iglesia de Salga.

Arquitectura

La arquitectura tradicional de las Azores refleja la influencia evidente del Portugal continental (fachadas claras, pintadas con colores vivos alrededor de las ventanas, en particular), con algunas especificidades debidas a las condiciones climáticas y a las materias primas locales (como el basalto). El estilo renacentista (gótico y manuelino, como en la iglesia parroquial de Vila Franca) predominó hasta el XVI, seguido de un largo periodo clásico, austero y funcional (catedral de Angra), antes de que en los siglos XVIII y XIX se impusiera un estilo eminentemente barroco (formas y motivos exuberantes). Hasta el siglo XVIII, los edificios civiles se construían con basalto y cal (piedra caliza). En general, sin embargo, el sentimiento religioso impregna toda la historia de la arquitectura azoriana.

La casa rural típica muestra en Santa Maria influencias bastante claras del Algarve (asentamiento más bien disperso, casas de cuatro lados), y en São Miguel del Alentejo (asentamiento más bien concéntrico, casas de dos lados), mientras que en el resto de las islas, especialmente en el oeste, las influencias del norte de Portugal son muy evidentes. La principal preocupación de los habitantes era, por supuesto, *dominar* la naturaleza para sobrevivir, y las primeras construcciones de São Miguel (por ejemplo) eran muy rústicas: una sala central por la que se entraba y donde se concentraba la vida familiar, flanqueada por dos estancias contiguas: la cocina (con horno y chimenea para el pan) y el dormitorio. Una cisterna para recoger el agua de lluvia, un pozo y una *burra de milho,* especie de pirámide de madera utilizada para secar el maíz, completaban la infraestructura familiar. En las islas orientales, hasta el siglo XIX también se construían casas de paja (*cafuas* o *palheiros*) en el campo, con una puerta baja y una o dos ventanas pequeñas. Las primeras emigraciones a Brasil y el dinero que trajeron de vuelta los emigrantes cambiaron la situación: se construyeron casas nuevas, con tejados de verdad, de una sola planta, paneles de azulejos en la fachada y, a veces, escaleras exteriores o interiores.

Danza

En las Azores hay muchos bailes tradicionales, que se interpretan de forma diferente según el tono, como la *charamba,* el *mangericão,* la *sapateia,* la *chamarrita* (una especie de fusión del fandango y el vals, en otro tiempo un baile popular), el *pezinho* (uno de los más antiguos del archipiélago), el *tanchão,* la *tirana* (característica de las islas centrales y occidentales), el *rema,* etc. La mayoría de ellos siguen un ritmo lento, muy específico del archipiélago, que refleja influencias religiosas y místicas. La mayor parte de las danzas azorianas tienen su origen en el continente, con algunas modificaciones sustanciales. Por ejemplo, el *mané chiné,* una danza típica del Algarve, del siglo XIX, es hoy una tradición en Flores.

¿QUÉ TRAER DEL VIAJE?

Algunas particularidades de cada isla: alfarería o cerámica en São Miguel (la alfarería se desarrolló con la explotación de la arcilla roja de Santa María, que se traía al puerto en carros tirados por burros antes de cargarla en los barcos), colchas tejidas en telares tradicionales en São Jorge, encajes, mimbres y colchas de lana, así como magníficas violas de arame, guitarras de tamaño medio con grandes cuerpos cóncavos y doce cuerdas (que también se pueden encontrar en Santa Catarina, en Brasil), en Terceira.

Numerosos museos etnográficos permiten conocer la vida tradicional y la artesanía típica de las distintas islas del archipiélago, y varias cooperativas ofrecen una razonable selección de objetos *típicos.* Dicho esto, en materia de artesanía, las Azores no son Perú.

Música

▶ **Instrumentos tradicionales.** El instrumento tradicional de las Azores es la viola de arame, a veces llamada *viola da terra.* Se utiliza en las nueve islas del archipiélago. Tiene 21 trastes y 12 cuerdas, divididas en tres dobles (*toeira,* prima y sol) y dos triples (re y la); algunas son de acero y otras de latón, lo que explica su sonido característico. Se tocan en cualquier ocasión, por placer o por trabajo. En Terceira existe una versión especial con 12, 15 o incluso 18 cuerdas. En el folclore azoriano también se utilizan otros instrumentos, como el violín, el banjo, la mandolina o el *cavaquinho* (pequeña guitarra), el tambor o *pandeiro,* los *testos* (platillos) o los *ferrinhos* (triángulos de metal), más raros o circunstanciales.

▶ **Canciones.** En cuanto al canto, los *cantares ao desafío* o *repentes* son formas de expresión popular que están presentes en muchas fiestas del archipiélago, y más concretamente en las del Espíritu Santo, la matanza del cerdo y las Sanjoaninas de Terceira. Sus letras expresan los problemas sociales, denuncian las injusticias, celebran los valores de la isla o evocan la historia y la religión. La mayoría de los cantantes son del pueblo, el lenguaje es sencillo y directo, pero no exento de críticas a una sociedad formal que a menudo les niega la voz. Muy a menudo, estos juicios se declaman en un tono satírico, obligando al *repentista* a tener una gran capacidad de improvisación para ser ingeniosos con sus palabras. A veces estos discursos se convierten en verdaderas justas verbales.

En Terceira, las *velhas* (las «viejas») se burlan especialmente de los ancianos y de sus amores tardíos; al igual que las *repentes*, dejan un gran margen a la improvisación y se escenifican en las fiestas populares. Por último, también es importante destacar la influencia del canto gregoriano en la expresión musical de las Azores.

FIESTAS

Las Azores viven al ritmo de sus fiestas religiosas y tradicionales. Participar en ellas es una forma muy atractiva de interesarse por la cultura del archipiélago.

Aunque a principios de año se celebran algunas festividades aquí y allá, son las fiestas del Espíritu Santo, en primavera, las que dan el pistoletazo de salida a los festejos simultáneos en las nueve islas. Estas celebraciones religiosas se extienden a lo largo de ocho semanas, entre el Domingo de Resurrección y el Domingo de la Trinidad, y se toman muy en serio en todas partes. En verano, junio y julio también son ricos en eventos (sobre todo la fiesta de San Juan), pero agosto es sin duda el periodo festivo culminante del año azoriano: ya sean religiosas, folclóricas, históricas o temáticas, el archipiélago está constantemente programando fiestas. Después llega el otoño, cuando la calma vuelve lentamente antes de instalarse (casi) definitivamente en el invierno. Es entonces cuando pueden verse las últimas touradas de Terceira, *que suelen terminar a mediados de octubre.*

Febrero

■ CARNAVAL DE GRACIOSA
SANTA CRUZ DE GRACIOSA
Se trata de una vistosa fiesta popular organizada por los distintos ayuntamientos de Graciosa. Los bailes y desfiles de los *foliões* dan vida a los pueblos y aldeas, y los disfraces, siempre cuidadosamente preparados, son especialmente apreciados. Si está en Graciosa esa semana, coja el programa de fiestas para saber exactamente dónde ir. Los bailes y desfiles suelen celebrarse en los clubes deportivos, sociedades filarmónicas y centros culturales repartidos por toda la isla. Es uno de los carnavales más famosos de las Azores.

Marzo

■ LOS ROMEIROS
PONTA DELGADA
Los *romeiros* son grupos de peregrinos de São Miguel que, durante la Cuaresma, recorren la isla durante una semana, pasando por todas las capillas cuyo culto está vinculado a la Virgen María. En la actualidad también se detienen en otros edificios católicos a lo largo del trayecto. Cantan y rezan por el camino, recorriendo casi doscientos kilómetros descalzos: están llenos de un fervor místico.

Algunos solo toman pan y agua. Vestidos de forma idéntica, llevan un pañuelo atado al cuello, un bastón en una mano, el rosario o las cuentas del rosario en la otra, un chal colgado de los hombros para protegerse de la lluvia o el viento y la *cevadeira*, una especie de bolsa atada a la espalda para llevar todo lo necesario para el viaje. Su canción, el Ave María, es profundamente triste y melancólica.

Aunque todos van vestidos de la misma manera y caminan formando dos filas rectas, se percibe una cierta jerarquía: el maestro-hermano es el líder, el *encomendador* recoge las peticiones de oración de los fieles del grupo, y los guías conducen a los hermanos por los caminos.

Estas «fiestas» tuvieron probablemente su origen en las catástrofes naturales que se repitieron en la isla en el siglo XVI. Son un acontecimiento muy popular, pero no son solo diversión: ¡no está permitido beber, fumar ni rendirse por el camino! Solo los hombres forman estos grupos (unos veinte cada año, compuestos por entre veinte y cien hermanos), pero sin duda hubo mujeres en el pasado.

Abril

■ CULTO DEL DIVINO ESPÍRITU SANTO

Este asombroso culto se ha extendido a todas las islas, con diversos grados de fervor y simbolismo. La figura principal es el emperador (escogido a suertes), que es conducido en procesión al *império* donde tiene lugar la coronación. Los *mordomos*, también sorteados, se encargan del *bodo,* la cena que se celebra el domingo de Pentecostés. El pan y el vino se distribuyen gratuitamente, antaño a los necesitados y actualmente a todos los que pasan por allí (¡incluido usted!).

Mayo

■ FIESTA DE SANTO CRISTO DOS MILAGRES
PONTA DELGADA

Esta es quizás la más apasionada de todas las fiestas de las Azores. Muchos emigrantes regresan a São Miguel para asistir a ella. La imagen del Cristo de los Milagros, regalo del Papa a dos monjas en 1530, se colocó en el convento de Esperança en 1541. Una vez al año, es ricamente adornada y sacada en procesión por la ciudad sobre alfombras de flores. La primera procesión tuvo lugar el 11 de abril de 1700 bajo los auspicios de la Madre Teresa da Anunciada (1658-1738).

Junio

■ FIESTAS DE SÃO JOÃO (SANJOANINAS)
ANGRA DO HEROÍSMO

sanjoaninas.pt – sanjoaninas@cmah.pt

Las mayores fiestas profanas del archipiélago tienen lugar en la isla de Terceira entre junio y octubre. Las famosas Sanjoninas, por ejemplo, marcan el inicio de las fiestas estivales de la isla. Durante diez días, Angra acoge procesiones, marchas populares, exposiciones, actuaciones musicales y otros actos. También se celebran las famosas

© ELISA CABRAL DE OLIVEIRA

Fiesta del Espíritu Santo.

Angra do Heroísmo durante las fiestas de san Juan.

DESCUBRE

touradas a corda, corridas en las que no se mata a los toros.

Septiembre

■ RALLY DE LAS AZORES
✆ +351 296 912 321
satarallyeacores.com/
media@azoresrallye.com
El Rally de las Azores (también conocido como Sata Rally Azores) es una prueba automovilística que se celebra cada año en el archipiélago, principalmente en la isla de São Miguel. Evento legendario, ofrece imágenes únicas e impresionantes, sobre todo en la etapa de Sete Cidades. Con carreteras empinadas, caminos rurales y vistas a los volcanes, los pilotos tienen que recorrer un total de 220 kilómetros en quince etapas. Desde hace más de cincuenta años, el rali de las Azores entusiasma al público local e internacional durante un largo fin de semana.

Octubre

■ WHALER'S GREAT ROUTE ULTRA TRAIL
HORTA
✆ +1 530 441 3752
https://www.azorestrailrun.com/
info@azorestrailrun.com
La Great Route Ultra-Trail de los balleneros es un recorrido increíble que discurre en medio del Atlántico norte, en la isla de Faial. Con 118 kilómetros y 5000 metros de desnivel positivo, este desafiante *ultra-trail* captura la naturaleza en su máxima expresión. Las impresionantes vistas del océano y del majestuoso cráter volcánico que formó esta isla, así como los históricos pasos de los antiguos balleneros, concentran la historia de esta tierra y sus gentes. En 2024, la carrera celebró su décimo aniversario.

COCINA LOCAL

Por supuesto, al igual que en el continente, en las Azores también se come bacalhau *(importado)* y sardinas asadas. Pero no es seguro que los primeros habitantes elaboraran recetas preparadas, sino que se las arreglaban con lo que tenían a mano, antes de que el descubrimiento de la ruta de las Indias trajera especias exóticas (guindilla, canela, etc.). Curiosamente, los numerosos inmigrantes que llegaron a las Azores a lo largo de los siglos no parecen haber dejado huella en la gastronomía local, aunque algunos platos, por ejemplo en Santa María, recuerdan a la cocina árabe (debido a la estrecha relación, si se puede llamar así, que mantuvo la isla con los piratas argelinos).

Productos y especialidades

▶ **El pan** es el alimento básico de la dieta isleña. Primero se elaboraba con maíz, cuando este se cultivaba en abundancia (el almuerzo del trabajador consistía entonces en pan de maíz con leche), y después con trigo.

▶ *Açorda* es un plato típico, una sopa hecha con agua, sal, grasa de cerdo y de pescado o con ajo o pan de maíz, e incluso de manzanas (*maçã calhau*).

▶ **La carne de cerdo** es muy consumida en el archipiélago. La *matança do porco* (matanza del cerdo) es un acontecimiento importante durante las celebraciones del Espíritu Santo o justo antes de Navidad. Del cerdo se extraen diferentes cortes para componer una mesa diferente: *sarapatel* (plato a base de sangre e hígado de cerdo fritos, mezclados con frutos secos), *linguiça* (longaniza), *torresmo* (un trozo de tocino frito), *salsicha* (salchicha), *presunto* (jamón), *paio* (salchicha), etc. El tipo de cocción es un claro indicio de las diferencias culinarias con el continente: allí la gente prefiere el *assado*, mientras que aquí, en las islas, prefieren el *guisado* (estofado).

▶ **Las numerosas vacas** de las Azores proporcionan mucha leche para elaborar queso. Pero también encontrará quesos de cabra y oveja, así como un gran número de pequeños quesos secos. Le resultará un placer visitar una de las muchas queserías existentes, que suelen ofrecer una degustación.

▶ **En cuanto a los dulces** (*doces*), la influencia del continente es evidente, al igual que el trabajo de las monjas en los conventos entre las horas de devoción religiosa: de ahí proceden la mayoría de los dulces que hoy tanto deleitan nuestros paladares. Las famosas *queijadas* de Vila Franca, por ejemplo, tienen su origen en el convento de Santo André.

▶ **Durante las fiestas** también se pueden degustar otros platos especiales, como la sopa del Espíritu Santo, que se reparte a todo el mundo durante las celebraciones del mismo nombre, o los *folares* (pasteles decorados con un huevo duro) en Semana Santa, un licor de leche *(licor de leite* o *mijinha do Menino* según la tradición) el día

Quesos de São Jorge.

de Navidad, o las *filhoses de forno* o *filhoses de panela* durante el Carnaval, que son unos buñuelos blandos rellenos de nata o más compactos, espolvoreados con azúcar.

▶ **Hay muchas frutas para elegir.** La más emblemática es la piña, que se cultiva principalmente en invernadero. Las Azores son el único lugar del mundo donde la piña se cultiva en masa bajo cristal, porque en invierno no hace suficiente calor en el exterior. Las piñas de las Azores son pequeñas y dulces. También se cultivan plátanos, aunque su producción está igualmente limitada por el clima. Son más pequeños que los africanos, pero su sabor es más dulce. En cuanto a los cítricos, se cultivan naranjas, mandarinas, clementinas y limones. Y muchas frutas tropicales, como aguacates, mangos, papayas, anones y fruta de la pasión. Todas ellas suelen consumirse en invierno o primavera, de octubre a junio.

▶ **Marisco:** las langostas y bogavantes se sirven durante todo el año, a pesar de la legislación explícita que solo permite su venta fuera de la temporada de cría.

Bebidas

▶ **Licores:** en São Miguel querrá probar los afrutados y dulcísimos licores de piña o maracuyá (fruta de la pasión); hay muchas *caseiras* (licores caseros) que le mantendrán en la mesa: el licor de mora, el Amora y la Angélica, el licor Arco-Iris, elaborado con semillas de hinojo y cilantro, o el Oriental (con vainilla). En Pico, los más atrevidos pueden probar la *bagaceira do Pico,* un aguardiente no apto para cardíacos. En casi todas partes, la gente elabora su propio vino (de baja graduación) y un aguardiente muy fuerte, el *agua ardente*, que beben los pescadores con un café después de una salida al mar. También se puede probar el aguardiente de Graciosa.

▶ **Cerveza:** pruebe la Especial, muy buena y muy local, y que se encuentra sobre todo en São Miguel. También hay varias cervezas sin alcohol para saciar la sed.

▶ **Vino:** el *verdelho* de Pico era un vino de aperitivo cuya fama llegó hasta la corte del zar de Rusia; se supone que las variedades de uva fueron importadas de Sicilia o Madeira, y que las cepas fueron plantadas primero por los franciscanos y carmelitas en el siglo XVI, y luego por los jesuitas en el siglo siguiente. En el punto álgido de la producción, a principios del siglo XVIII, se exportaban unas 30 000 barricas y casi quince millones de litros, pero una epidemia asoló las plantas poco después y se empezó a cultivar la uva *isabella*, cuyo fuerte aroma produce el *vinho de cheiro*, que se puede beber en casi cualquier sitio. Los vinos de Pico empezaron a compararse con los de California. Recientemente, sin embargo, se ha intensificado la producción de vino en Pico, con la importación de nuevas variedades de uva del continente para obtener sabores más delicados; el *Terras de lava* (blanco) es muy apreciado para acompañar un buen pescado o un filete, y es muy posible que algún día el vino de Pico recupere su antigua fama. Hay que mencionar igualmente los vinos de Biscoitos de Terceira. En la actualidad, también son objeto de nuevos experimentos y nuevas perspectivas de futuro. Graciosa también produce vino: el *Terras da conde* puede beberse como tinto o blanco, pero también como aperitivo y aguardiente para redondear una comida. Otra cooperativa elabora el *Pedras brancas*, un vino blanco muy bueno que baja como el suero, y que recomendamos.

Hábitos alimenticios

En general, la comida en las Azores es de alto nivel, excepto quizás en las nuevas pizzerías y establecimientos de comida rápida que surgen aquí y allá. Se puede comer un excelente pescado acompañado de boniatos y verduras, con un buen vino blanco de Pico (un *Terras de lava,* por ejemplo), por un módico precio. Cada isla tiene su propio carácter y gastronomía, aunque la mayoría de los platos son iguales en todas partes.

© LFGALVAO – ISTOCKPHOTO.COM

Lapas.

DEPORTES Y OCIO

Pesca de altura

Las aguas de las Azores son conocidas por albergar algunos ejemplares de fauna submarina de gran tamaño, y aquí incluso se han certificado numerosos récords mundiales: la aguja azul pesa a menudo hasta mil libras. Algunos temen ahora que esta especie amenazada, la aguja azul, pueda extinguirse pronto. No obstante, también se pescan tiburones, agujas blancas y varias especies de atún. La temporada va de finales de junio a mediados de octubre, cuando el agua está lo bastante caliente, y los bancos de peces se encuentran a unas veinticinco millas de la costa. Para los que no estén familiarizados con este deporte, es importante señalar que todos los pescadores se adhieren a una cierta *política* conocida como Tag and Release (marcar y soltar) (a través de organizaciones como la IGFA o la Billfish Foundation): se marca la captura (fecha y lugar, nombre del pescador y del capitán, especie y peso), y luego se devuelve al mar; solo se lleva al puerto de Horta si se puede batir un récord o si se trata de un animal realmente extraordinario.

Navegación de recreo

El puerto deportivo de Horta no necesita presentación: desde hace varias décadas es una escala legendaria para los viajeros de largo recorrido que cruzan el Atlántico hacia el Caribe. En la actualidad, casi 1500 veleros y yates visitan Horta cada año. A menudo es aquí donde se refugian los barcos averiados, durante la Ruta del Ron, por ejemplo. También es por donde han pasado algunos de los grandes nombres de la vela. Y aquí encontrará uno de los cafés más famosos de las rutas marítimas del mundo (el bar Peter's), donde se respira una atmósfera cosmopolita muy seductora, como un ramillete de perfumes de todo el mundo. De todas formas, Horta ya no tiene el monopolio de los yates. Angra y Praia, en Terceira, también cuentan con puertos deportivos, y Ponta Delgada atrae igualmente a su cuota de aventureros. Parada imprescindible para quien sueña con llegar a las Antillas desde el norte de Europa, los puertos deportivos de las Azores ofrecen todos los servicios clásicos, y su insólita ubicación, a las puertas de un nuevo mundo y en pleno océano, les confiere un ambiente extraño y fascinante. A lo largo del año se celebran varias competiciones.

Barranquismo

Descender por los arroyos, cruzar ríos y riachuelos escondidos, domar cascadas que caen a borbotones o sumergirse en las aguas cristalinas de piscinas naturales: el archipiélago ofrece una naturaleza salvaje y unos paisajes sublimes que harán las delicias de los aficionados al barranquismo. La roca volcánica forma muchas aristas afiladas y bloques fracturados por donde el agua fluye en abundancia. São Miguel, São Jorge y Flores son especialmente generosos en materia de barranquismo.

Playas

Contrariamente a lo que piensa mucha gente, las Azores no están en el Caribe ni se parecen a las Canarias. Hay pocas playas y ningún cocotero que haga pensar en el paraíso terrenal. Sin embargo, hay más acceso al mar que en Madeira, gracias a las numerosas piscinas naturales diseminadas por el litoral, y unas cuantas playas de guijarros o arena (en su mayoría negra, aunque algunas playas, como las de Santa Maria, son de arena blanca).

Todos los lugares de baño son públicos, pero rara vez están abarrotados en verano; algunos están especialmente concurridos, como en São Miguel, en la costa sur, pero siempre es posible encontrar un pequeño rincón para bañarse tranquilamente y tomar el sol.

Senderismo

Paraíso de los excursionistas, las maravillas de las Azores se descubren mejor a pie. Podrá emprender vigorizantes paseos por paisajes siempre cambiantes, a lo largo de arroyos que fluyen salvajemente y caen por barrancos tupidos, por lagos de aguas translúcidas y orillas verdes, acantilados espectaculares, cráteres inactivos y cuevas iridiscentes. Incluso en las carreteras asfaltadas, el tráfico no es tan intenso como para resultar molesto. Todas las islas tienen rutas señalizadas, pero las difíciles condiciones meteorológicas en invierno (corrimientos de tierra, vientos que arrancan arboledas enteras) pueden bloquear de repente un camino perfectamente transitable dos días antes. A pesar de ello, aunque no siga el itinerario previsto, los paisajes que descubra nunca le decepcionarán.

Antero Tarquínio de Quental

Nació en 1842. Tras cursar estudios en la Universidad de Coimbra, pasó una temporada en París y viajó a Estados Unidos y Canadá, antes de regresar a Lisboa. Perteneció a la Generación de 1870, que pretendía renovar las mentalidades de la sociedad portuguesa, y fue amigo de Eça de Queirós, entre otros. Psicológicamente perturbado, regresó finalmente a su isla natal, São Miguel, donde murió en 1891. Su obra poética es muy evocadora.

Domingos Maria Francisco de Lacerda

Nacido en 1869, se trasladó a París en 1895 gracias a una beca estatal para ingresar en el Conservatorio. Colaboró con músicos de renombre y participó activamente en la representación portuguesa en Francia. Poco a poco, se afirmó públicamente como un director de orquesta relevante. Dirigió los conciertos del casino de La Baule en 1904 y las orquestas de Nantes, Montreux, Toulouse, Angers y Marsella, al mismo tiempo que promocionó el conocimiento de obras menos conocidas de Borodine, Mussorgski, Fauré, Chausson o Debussy, con el que compartió amistad. Hacia el final, su carrera se vio comprometida por su delicada salud. Murió en 1934. Recomendamos escuchar los poemas sinfónicos Almourol (1926) y Alcácer (1930).

Gaspar Frutuoso

Nacido en 1522 y fallecido en 1591 en São Miguel, este «maestro» de la historia de las Azores estudió Artes en la Universidad de Salamanca hasta 1549, se dedicó a la filosofía natural y después a la teología, en la que se graduó en 1558. Saudades da terra es una obra monumental de seis volúmenes que hace referencia al poblamiento del archipiélago en el siglo XVI y que sigue siendo una referencia en la materia.

Joaquim Teófilo Fernandes Braga

Republicano y agnóstico, nació en Ponta Delgada en 1843, se interesó tempranamente por la filosofía positivista de Auguste Comte, estudió Derecho en Coimbra y enseñó literatura en Lisboa desde 1872. En 1910 fue elegido presidente del Gobierno Provisional, y en 1915 se convirtió en el segundo presidente de la República de Portugal. Visão dos Tempos es quizás su mejor obra. Murió en 1924.

Natália Correia

Micaelense y notable intelectual de la cultura portuguesa del siglo XX, fue novelista, poetisa, diputada y periodista. Dejó un extenso legado de obras propias y fue una de las fundadoras del Frente Nacional para la Defensa de la Cultura. También fue una importante activista en contra del fascismo y defensora de los derechos de la mujer.

Nelly Furtado

La cantante Nelly Furtado nació el 2 de diciembre de 1978 en Victoria (la capital de la Columbia Británica, Canadá), pero es de padres portugueses originarios de São Miguel. De niña cantaba en una coral, en especial el día nacional de Portugal. Desde entonces se ha convertido en un icono de la música pop, sobre todo gracias al sencillo *I'm like a Bird* (*Soy como un pájaro*), publicado en 2000, y al éxito mundial de su álbum *Loose*, publicado en 2006 y producido por Timbaland. Desde entonces ha sacado al menos seis disco más y ha montado varias giras.

Pedro Miguel Pauleta

Todos recuerdan el paso del futbolista por el fútbol español, primero como jugador de la SD Salamanca en primera división y después en el Deportivo de La Coruña que ganó la Liga en el 2000. Tras pasar la mayor parte de su carrera futbolística profesional en Francia (Girondins de Burdeos de 2000 a 2003 y París Saint Germain de 2003 a 2008), Pauleta anunció su retirada deportiva en junio de 2008, para consternación de todos sus seguidores. Es el segundo máximo goleador de la historia del PSG con 109 goles. En 2009, el periódico deportivo portugués *A Bola* le concedió el Balón de Plata de honor en reconocimiento a su carrera. Admirado por su modestia y profesionalidad, nació el 28 de abril de 1973 en la isla de São Miguel, de ahí su apodo de el «Águila de las Azores», ¡y su lugar de nacimiento está junto a la carretera que lleva de Ponta Delgada a Ribeira Grande! Tras su retirada en 2008,

fundó su propia escuela de fútbol en las Azores.

Vitorino Nemésio

El rapsoda de las Azores nació en 1901 y murió en 1978. El futuro escritor cursó los estudios secundarios en Angra, en Horta, y luego en Coimbra, en el continente, antes de licenciarse en Filología Románica en la Universidad de Lisboa en 1931. Publicó su primer libro a los quince años, Canto matinal. Se instaló en Francia durante un tiempo, donde impartió cursos de lengua portuguesa en la Universidad de Montpellier y participó en una serie de conferencias en las universidades de París, Toulouse y Burdeos, reunidas en la obra Etudes portugaises. En 1939 fue nombrado profesor ex cathedra de la Facultad de Letras de Lisboa, donde dirigió la cátedra de Literatura Románica. Su obra se considera una de las más profundas de la Portugal del siglo XX.

Xavier Rebelo

Nacido en Ponta Delgada en 1891, se interesó por la pintura a una edad muy temprana, y expuso su primer cuadro con solo trece años. Una beca de los condes de Alburquerque le permitió ir a París, donde estudió y vivió durante seis años, siguiendo los pasos de Jean-Paul Laurens. Recibió una gran influencia del pensamiento modernista de Cézanne, Matisse y Modigliani. Regresó a las Azores en 1913 y vivió allí casi treinta años, en la antigua calle Papa Terra, frente a la escuela que hoy lleva su nombre. Finalmente, en 1942 marchó a Lisboa, donde murió en 1975 tras varias estancias breves en las islas.

VISITA

Faial.
© ALAN KRAFT – SHUTTERSTOCK.COM

SÃO MIGUEL

La mayor de las Azores, también la más poblada y a menudo descrita como la más bella, São Miguel es la isla desde la que la mayoría de los visitantes descubren el archipiélago: cuando se compra un billete de avión a las Azores, sin más, se llega al aeropuerto de Ponta Delgada.

Aunque el estatuto de autonomía concedido a las Azores ha creado una situación administrativa en la que el poder regional está dividido entre las islas, São Miguel es la capital económica indiscutible y la capital política de facto del archipiélago, el buque insignia de la flotilla azoriana. Sus habitantes constituyen la mayoría de la población del conjunto insular y viven de la agricultura, la pesca, el comercio y el turismo.

Volcánica como sus islas hermanas, São Miguel aún muestra en varios lugares huellas vivas de la ardiente actividad de sus entrañas. Entre ellos, los baños termales de Furnas, donde brota agua sulfurosa hirviendo, y las centrales geotérmicas que suministran electricidad a Ribeira Grande con la fuerza del vapor que emerge del subsuelo.

São Miguel es lo suficientemente rica en belleza como para ser un destino por derecho propio y, de hecho, a menudo es la única parada para los turistas, que encuentran en sus encantadores paisajes y atracciones lo suficiente como para olvidarse de visitar el resto del archipiélago. Se la conoce como una isla verde, y aquí, incluso más que en las otras islas, lo que sorprende al viajero es la increíble riqueza de tonalidades verdes: desde prados a bosques, desde plantaciones de té a campos de tabaco, desde cultivos de piña a los apretados juncos que bordean los lagos del interior. São Miguel alterna el verde intenso del Atlántico con los verdes de sus laderas en una profusión de matices que volvería loco a un acuarelista visitante.

El puerto de Ponta Delgada recibe la mayor parte de las mercancías del archipiélago. Y al mismo tiempo es un importante puerto pesquero. Aunque ya no es un puerto de escala obligatoria (ahora que también se puede viajar en avión), no deja de ser el símbolo de una larga historia de descubrimientos, comercio y aventuras.

La isla está habitada principalmente a lo largo de la costa. Ponta Delgada, en el sur, y Ribeira Grande, en el norte, se reparten la mayoría de la población. En los extremos occidental y oriental de la isla y en su centro se encuentran tres macizos volcánicos bastante elevados (que culminan en el Pico da Vara, a 1105 metros, en el nordeste). Están separados por cadenas de colinas más bajas, ideales para la ganadería... y para los sotos.

PONTA DELGADA

Ponta Delgada es la capital de la isla y, desde 1975, la sede de numerosos órganos de gobierno de la Región

Autónoma de las Azores y de la Universidad de las Azores. Tiene su origen en una pequeña aldea de pescadores y adquirió su condición de capitalidad muy pronto en la historia del archipiélago, tras el terremoto de 1522 que destruyó casi por completo Vila Franca do Campo, la principal ciudad de la época. En 1546, el rey Dom João III le concedió el título de ciudad. Ponta Delgada se asoma a una amplia bahía y es sin duda el corazón turístico de São Miguel. La vida nocturna es animada y las callejuelas están cargadas de historia, sobre todo en los monumentos y museos que albergan.

La arquitectura barroca que predomina en la ciudad es testigo de un siglo XVIII opulento, cuando las grandes epopeyas del comercio internacional unían el archipiélago con Flandes o Inglaterra; la exportación de naranjas estaba en su apogeo. Aunque algunos edificios son particularmente notables, lo que da encanto a la ciudad es sobre todo su armonía general. De hecho, la coherencia de los estilos arquitectónicos se ve reforzada por el uso casi sistemático de la piedra volcánica en la construcción. Ponta Delgada es una capital a escala humana: se puede recorrer de un extremo a otro sin necesidad de ser un excursionista experimentado. Sin embargo, la presencia de coches que crean serios atascos es un problema nuevo: no se aconseja conducir por el centro de la ciudad.

Ponta Delgada se extiende en largas calles paralelas cruzadas por una multitud de callejuelas estrechas, pobladas de coches en una cacofonía interminable. Empiezan en el hospital, pasan por el barrio peatonal y la catedral, luego por detrás de la iglesia

de San Pedro antes de descender hasta el mar. Otras atraviesan el centro de la ciudad; empiezan en el hotel Talisman y llegan hasta... la prisión. Mas allá —aunque ya estamos casi en los suburbios— salen otras un poco más abajo del jardín António Borges para llegar hasta la universidad. El turista no puede perderse el centro histórico, donde todo confluye. Aquí encontrará calles estrechas enmarcadas por bellos ejemplos de arquitectura urbana de los siglos XVII, XVIII y XIX.

VISITA

■ **ASSOCIAÇÃO DE TURISMO DOS AÇORES – VISIT AZORES**
✆ +351 296 288 082
www.visitazores.com
turismoacores@visitazores.travel
Oficina de Turismo de las Azores. Buenos planes, ideas de ocio, eventos... Para descubrir el archipiélago o ayudar a otros a descubrirlo.

■ **CONVENTO NOSSA SENHORA DA ESPERANÇA Y CAPILLA SANTO CRISTO DOS MILAGRES** ⭐⭐
Avenida Roberto Ivens
✆ +351 296 286 562
http://senhorsantocristo.com/new
teresaanunciada@hotmail.com
También se conoce como la iglesia del Santo Cristo en honor al culto que se celebra allí al Santo Cristo dos Milagres. El coro inferior de la capilla está decorado con esculturas doradas y bellos azulejos. El complejo del convento, reconocible por su alta torre cuadrada con grandes ventanales, posee un precioso tesoro religioso: el techo pintado, joyas, un relicario y, sobre todo, la famosa estatua del Cristo dos Milagres, acondicionada en un retablo de madera tallada y dorada.

Mosteiros
Ponta da Bretanha
Ponta da Costa
Bretanha
Remédios
Ponta de Santa Bárbara
Ponta da Ferraria
Santa Bárbara
Lagoa Azul
Lomba do Pico *611 m*
Santo António
△ *533 m*
Sete Cidades
Paisajes protegidos de Sete Cidades
△ Pico da Cruz *856 m*
Morro das Capelas
Ginetes
Lagoa Verde
Lagoa de Santiago
Capelas
Ponta das Calhetas
Lagoa Rasa
Lagoa de Equas
656 m △
Candelária
Lagoa do Carvão
São Vicente Ferreira
Fenais da Luz
Calhetas
Rib Gra
Lomba da Cruz
△ *825 m*
Ponta da Candelária
Ponta da Lomba da Cruz
Feteiras
Rabo de Peixe
Ribeira Seca
Pico da Pedra
Ponta da Fonte Grande
Amêndoa *392 m* △
Reserva de Pinhal da Paz
Santa Bárbara
Cal Ve
Fajã de Cima
Covoada
Fajã de Baixo
Arrifes
Cabouco
Livramento
Relva
Ponta da Relva
PONTA DELGADA
Aeropuerto
São Roque
Lagoa
Ri
Água de Pau
Calou
Ponta Gale
Pon do Er

Leyenda:
- Ciudad
- Playa
- △ Cima
- Reserva
- Autovía
- Carretera principal
- Túnel
- Carretera municipal
- Camino secundario

N

14 km

SÃO MIGUEL

Ponta da Ajuda

São Pedro de Nordestinho

Santo António de Nordestinho

Salto da Farinha

Lomba de São Pedro

Achada

Nordestinho

Ponta da Ribeira

Fenais da Ajuda

Achadinha

Salga

Santana

Lomba da Fazenda

Maia

Ribeira dos Caldeirões

Nordeste

Ponta Formosa

Baía de Ponta Iria

Lomba da Maia

Reserva forestal da Atalhada

Ponta do Arnel

Porto Formoso

São Brás

Reserva forestal dos Graminhais

△ Pico da Vara 1103 m

Lagoa de São Brás △ 765 m

Salto do Cavalo 805 m

Reserva forestal do Pico da Vara

...badas

Reserva Natural ...e Lagoa do Fogo

Pico de Ferro 570 m

Furnas

Serra da Tronqueira

...goa do Fogo

Cedros 707 m

Pico do Canário 615 m △

Nossa Senhora dos Remédios

Água Retorta

...umeeira ...881 m

Lagoa do Côngro

Lagoa das Furnas

Povoação

Faial da Terra

Ponta da Retorta

Ribeira Quente

Ponta do Faial

...gua ...Alto

Vila Franca do Campo

Ponta Garça

Ponta de Albufeira

Ribeira das Tainhas

Ponta Garça

Ilhéu da Vila Franca

PONTA DELGADA

hacia Capelas
y Fajã de Cima

hacia
Fajã de Baixo

2.ª CIRCULAR

Rua de São Gonçalo

hacia Ribeira Grande
Furnas y Nordeste

Rua de São Gonçalo

Rua das Laranjeiras

Avenida D. João III

Rua Nova da Misericordia

Rua Nova do Visconde

Rua do Passal

Rua do Coronel Chaves

Rua de Mãe de Deus

Rua Barrio das Laranjeiras

Rua do Laureano

Rua Moinho do Vento

Rua do Poço

Rua do Negrão

Avenida D. João III

Travessa

21

18

Padre Serrão

F. Cabido

Rua do Peru

Rua de Boa Nova

do Mercado

6

19   **4**

do Canto

Rua João Melo Abreu

icordia

Avenida Infante Don Henrique

10

24

25

PUNTOS DE INTERÉS Y ENTIDADES

1- Delegación de turismo
2- Policía
3- Telecomunicaciones
4- Biblioteca
5- Hospital
6- Mercado
7- Puerto
8- Puertas de la ciudad
9- Iglesia de San Sebastián
10- Iglesia de San Pedro
11- Convento y capilla Esperança
12- Iglesia de San José
13- Iglesia Todos-os-Santos
14- Iglesia de Santa Bárbara
15- Iglesia N. Señora de la Concepción
16- Museo Carlos Machado
17- Fuerte São Brás
18- Ermita de Mãe de Deus
19- Academia de las Artes
20- Palacio de Fonte Vela
21- Universidad de las Azores
22- Monumento de la Autonomíe
23- Correos
24- Piscina
25- Marina

1 *Puntos de interés y entidades*

IGLESIA DE SÃO JOSÉ ⭐

Praça 5 de Outubro, 11A
℡ +351 296 282 894
http://saojose.pt

Antiguamente era la iglesia de Nossa Senhora da Conceição, es decir, de la Inmaculada Concepción, y una parte integrante del convento de los franciscanos. Fue construida sobre una pequeña capilla del siglo XVI a partir de 1709. Son interesantes las tres naves con bóvedas recubiertas de frescos, los altares de madera tallada y dorada, los azulejos del santuario, las imágenes de los siglos XVII y XVIII de influencia hispano-mexicana y el mobiliario de madera de jacaranda de la sacristía. Los ventanales de la capilla contigua de Nossa Senhora das Dores forman un conjunto barroco.

IGLESIA PARROQUIAL DE SÃO SEBASTIÃO ⭐⭐

Largo da Matriz, 62
℡ +351 296 285 321

El edificio ofrece una curiosa sucesión de estilos que se han ido superponiendo a lo largo de sus tres siglos de historia.

São Sebastião es en realidad una catedral gótica, construida entre 1531 y 1547 sobre una capilla dedicada a San Sebastián, el santo patrón de la ciudad. En la decoración exterior sobresale el portal, de estilo manuelino, muy típico del siglo XVI en Portugal, y las dos puertas barrocas de la fachada. El interior también es destacable.

IGLESIA DE SÃO PEDRO ⭐⭐

Ladeira de São Pedro
℡ +351 269 628 104
ig.spedro.pdl@gmail.com

Iniciada en el siglo XV, su construcción continuó en los siglos XVII y XVIII. Detrás de su bella fachada y su portal barroco, alberga, entre otros tesoros, una imagen de Nuestra Señora de los Suspiros, considerada la más bella del archipiélago, libros antiguos, un altar ricamente ornamentado dedicado a María, el lienzo *O Pentecostes,* del pintor Pedro Alexandrino de Carvalho y, en la sacristía, emotivos exvotos de marineros. Desde el atrio se puede disfrutar de una magnífica vista del puerto. Si está en Ponta Delgada, hay que visitarla.

Ciudad de Ponta Delgada.

© FRANK BUSS – ISTOCKPHOTO.COM

■ FUERTE DE SÃO BRÁS Y MUSEO MILITAR DE LAS AZORES

Rua Teófilo Braga, 10
Cerca del Campo de São Francisco.
El fuerte fue construido por orden de don Juan III en 1552 para defender la isla de los piratas. Este monumento esencial del archipiélago alberga ahora el cuartel general de la comandancia de la zona militar de las Azores, pero también un gran museo militar cuyas colecciones son particularmente extensas. Un soldado uniformado le cobrará la entrada y le dará la bienvenida. Muy inusual. No se pierda la reconstrucción a tamaño natural de una trinchera de la Primera Guerra Mundial.

■ GRUTA DO CARVÃO

Rua do Paim
✆ +351 961 397 080
grutadocarvao@amigosdosacores.pt
Ligeramente al oeste de Ponta Delgada, la gruta do Carvão es el túnel de lava más largo de la isla de São Miguel. Aunque hoy en día los mapas (solo) indiquen que tiene 1912 m, los documentos antiguos hablan de una longitud mucho mayor, más de cinco kilómetros. Dividida en tres secciones (la de Paim, la de João do Rego y la del Séchoir de Tabaco), se visita con un guía y equipados con casco y linterna para descubrir la historia y la geología de esta cavidad de entre 5000 y 12 000 años de antigüedad.

■ JARDIM ANTÓNIO BORGES

Rua Jardim António Borges, 22
Es el más agradable de los espacios verdes de Ponta Delgada, una ciudad que no está realmente comida por el hormigón. Por supuesto, no exhibe la riqueza de un jardín botánico o de un parque de lujo, pero el espacio está agradablemente diseñado, con rincones mullidos y césped ligero, un bar con una generosa explanada ante sí para disfrutar de un aperitivo y suficientes risas de niños para ser felices. No hay que perderse la magnífica y elástica higuera originaria de la India, cuyas extrañas raíces brotan por doquier, dándole el aspecto de un pulpo gigante.

■ JARDIM DA UNIVERSIDADE

Rua da Mãe de Deus
✆ +351 296 304 400
geral@mpdelgada.pt
Este jardín está impregnado de historia. Fue el lugar de preparación del ejército de los liberales que, en 1832, se propusieron derrotar a los últimos defensores del absolutismo en el continente. Hoy en día, es agradable pasear entre flores, arboledas y a lo largo de los pequeños estanques que se han construido. Cuando sale el sol, mucha gente se sienta en el césped para disfrutar de la naturaleza, charlar, descansar o hacer un pícnic. Vienen muchas familias y a los niños les encanta divertirse.

■ JARDIM JOSÉ DO CANTO

Rua José do Canto, 9
✆ +351 296 085 531
www.josedocanto.com
ardimjosedocanto@gmail.com
Junto al palacio presidencial, es un parque privado cuya entrada principal conduce a un hotel, la Casa do Jardim. José do Canto fue el importador de los jardines ingleses de la época victoriana a las Azores. Un verdadero oasis en el centro de la ciudad, es un lugar ideal para un paseo bucólico entre magníficos ejemplares de árboles y numerosas variedades de plantas exóticas. Este jardín es un espacio de gran interés paisajístico y botánico, poblado por árboles que impresionan por su tamaño monumental o su morfología única. No hay que perdérselo.

■ MUSEO CARLOS MACHADO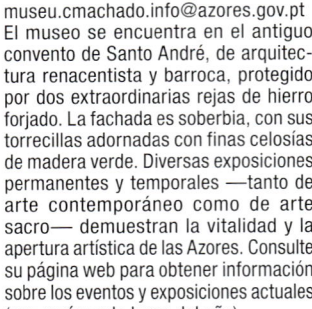
Rua Dr. Carlos Machado, 65
✆ +351 296 202 930
museu.cmachado.info@azores.gov.pt
El museo se encuentra en el antiguo convento de Santo André, de arquitectura renacentista y barroca, protegido por dos extraordinarias rejas de hierro forjado. La fachada es soberbia, con sus torrecillas adornadas con finas celosías de madera verde. Diversas exposiciones permanentes y temporales —tanto de arte contemporáneo como de arte sacro— demuestran la vitalidad y la apertura artística de las Azores. Consulte su página web para obtener información sobre los eventos y exposiciones actuales (que varían a lo largo del año).

■ MUSEO DE ARTE SAGRADO Y COLEGIO JESUITA
Iglesia do Colégio dos Jesuitas – Largo do Colégio
✆ +351 296 202 930
Anexo al Museo Carlos Machado. Para que conste, el grandioso frontispicio iniciado en 1738 nunca ha sido terminado porque los jesuitas fueron expulsados del archipiélago en 1759 por orden del marqués de Pombal. El colegio de los jesuitas, del que forma parte la iglesia, alberga ahora un pequeño pero instructivo museo de arte sacro. El interior de la iglesia tiene una imponente nave y una hermosa carpintería barroca. Una visita que vale la pena, especialmente si le interesa el arte sagrado.

■ PALACIO DE FONTE BELA
Largo Mártires da Pátria
São Sebastião
En pleno centro de la ciudad, este magnífico edificio del siglo XIX del barón Fonte Bela (quien introdujo el estilo neoclásico en las Azores) alberga ahora la escuela secundaria Antero de Quental (los expresidentes de la Asamblea de la República Jaime Gama [2005-2009] y João Bosco Mota Amaral [2002-2005] estudiaron aquí). El palacio conserva frescos en paredes y techos, y tiene una biblioteca muy interesante. Está considerado como uno de los lugares más bellos de su género en las Azores.

■ PALACIO SANT'ANA
Jardim do Palácio de Sant'Ana
Es la sede del presidente del gobierno regional. El palacio es un edificio neoclásico del siglo XIX construido por un arquitecto inglés. En su interior hay pinturas que representan la ilustre visita del rey don Carlos y doña Amélia en 1901, así como una colección de loza. Como no podrá admirarlo —el edificio está cerrado al público (una lástima, pero lo entendemos)—, deberá conformarse con un paseo por el parque, solo para oler y contemplar las hermosas esencias florales y los árboles exóticos.

■ PORTAS DO MAR
Complexo Portas do Mar
Avenida Infante D. Henrique
✆ +351 300 035 250
www.portasdomar.pt
Inaugurado en julio de 2008 y construido cerca del antiguo puerto, que aún está en funcionamiento, este puerto deportivo alberga principalmente transbordadores interinsulares y cruceros. Pero además de esta función, que es un verdadero éxito por la modernidad de su arquitectura, Portas do Mar es un lugar muy diversificado. Hay una piscina, restaurantes, bolera, agradables cafés con terraza, varios bares nocturnos, un pabellón cultural con eventos regulares y a menudo gratuitos, tiendas de recuerdos, etc.

© SACK – ISTOCKPHOTO.COM

Portas da Cidade de Ponta Delgada.

■ PUERTAS DE LA CIUDAD ⭐⭐
Praça da República
Estas puertas son uno de los símbolos de la capital. Fueron construidas en 1783 cerca del antiguo muelle y luego trasladadas aquí durante las obras de la carretera marginal. El arco central está rematado por la corona real y, debajo, por dos escudos ovalados, uno con las armas de la ciudad (las flechas y la hoja de palma de san Sebastián), y el otro con las cinco insignias de los castillos portugueses. Bajo ellas pasaron todos los reyes portugueses que estaban de visita, desde Pedro IV hasta don Carlos. Son un emblema de Ponta Delgada.

■ FORTÍN MÃE DE DEUS ⭐
Ladeira da Mãe de Deus
Aquí se erigían y se extendían las murallas, bulevares y casamatas desde las que se vigilaba la ciudad. El 1 de enero de 1944, posiblemente después de haber celebrado un poco demasiado el Año Nuevo, los militares a cargo de la batería antiaérea instalada en el fortín abrieron fuego inadvertidamente contra el avión que transportaba al general Eisenhower desde el norte de África a Estados Unidos. Fue más una cuestión de ruido y miedo que de daño real. La ermita del mismo nombre fue construida en el siglo XIX y está rodeada por un jardín. Una caminata corta puede ser agradable, especialmente por la vista.

ALREDEDORES DE PONTA DELGADA

FAJÃ DE BAIXO ⭐
Fajã de Baixo era el lugar de veraneo de las familias adineradas de la isla, como demuestran las numerosas y suntuosas *quintas,* entre las que destaca la de Bela Vista, que perteneció al cónsul inglés William Read. También podrá deleitarse contemplando las casas solariegas, señoriales, y las capillas votivas (del siglo XVII, como Loreto, Soledade y Conceição; del XVIII, como Santa Rita, y del XIX, como Lourdes), así como la iglesia parroquial de Nossa Senhora dos Anjos (1791). Dicho esto, la principal atracción de Fajã de Baixo es el invernadero de piñas, que se puede visitar.

■ **PLANTACIÓN DE PIÑAS AUGUSTO ARRUDA**

Rua Dr. Augusto Arruda
℡ +351 296 384 438
www.ananasesarruda.com
arrudaananases@gmail.com

Con más de cien años de historia, esta plantación es un verdadero museo vivo de este cultivo único en el mundo. Las visitas le llevarán a seguir y conocer todas las etapas del crecimiento de la piña (recuerde recoger el folleto explicativo en la tienda) a través de los diferentes invernaderos. En verano, hay una agradable terraza sombreada para tomar una copa. No dude en pasar por la tienda para probar y, por qué no, comprar licor de piña, entre otras cosas.

FAJÃ DE CIMA

A Fajã de Cima se llega desde Ponta Delgada en tan solo diez minutos. Es un lugar agradable para pasear o para alojarse en el campo.

São Roque.

LIVRAMENTO

A medio camino entre Ponta Delgada y Lagoa, esta localidad tiene un bonito centro. También está cerca de Praia do Pópulo, posiblemente la playa más bella de esta parte de la costa.

■ **CASCO ANTIGUO**

El centro de Livramento tiene algunos hermosos monumentos. Se puede admirar la iglesia parroquial, varias capillas del siglo XVII y la casa señorial de Nossa Senhora das Necessidades, un edificio muy bello de los siglos XVII y XVIII que contiene unos azulejos espectaculares. Estas mansiones se construyeron en el apogeo del comercio de la naranja, cuando las Azores eran una escala obligatoria para abastecerse durante los viajes marítimos de larga distancia. Fueron construidos a partir de la riqueza creada por el cultivo de cítricos.

SÃO ROQUE

Esta pequeña y agradable localidad pertenece al municipio de Ponta Delgada y se encuentra a tan solo cinco minutos en coche de la capital. Merece la pena visitarla, aunque solo sea por su magnífica playa, Praia das Milicias. Por último, los amantes de la tranquilidad preferirán alojarse en São Roque, más apacible que Ponta Delgada.

COSTA OCCIDENTAL

SETE CIDADES ⭐⭐⭐⭐

Alrededor del pueblo de Sete Cidades el paisaje es inolvidable: en un vasto cráter de cinco kilómetros de circunferencia, dos lagunas, Lagoa Verde y

Lagoa Azul, compiten por el premio a la belleza natural, con las escarpadas laderas, cubiertas de árboles y flores, que las dominan. Se trata de uno de los lugares más famosos de las Azores y, sin duda, de los más bellos.

La pequeña aldea de Sete Cidades es encantadora y tranquila. La iglesia neogótica dedicada a São Nicolau, construida en 1857, se alza al final de un camino flanqueado de *cryptomerias*. Azaleas y hortensias cubren los alrededores en temporada.

■ MIRADOR DE VISTA DO REI

En la carretera entre el Pico do Carvão y Sete Cidades.

Desde la cresta del cráter volcánico, en el lugar conocido como Vista do Rei, hay una panorámica magnífica de los lagos. El imponente y feo montón de hormigón que no se puede obviar en el lugar fue un hotel de cinco estrellas que duró solo unos meses; el proyecto se fue al garete (hay que decir que la niebla es bastante persistente aquí), aunque algunos hablan de una posible reapertura. Una de las excursiones más famosas de la isla sale del mirador y rodea por completo el cráter.

■ LAGOA AZUL Y LAGOA VERDE ★★★★

Estos dos majestuosos lagos volcánicos, que ocupan un único cráter profundo y hendido en dos partes, son la maravilla del oeste de São Miguel. En el dique entre ambos lagos hay un aparcamiento. Se puede recorrer el entorno a pie siguiendo los senderos señalizados. No dude en pasear por las orillas, acercarse hasta la península y disfrutar de la bucólica calma de este lugar encantador. Absolutamente indispensable. Aquí podrá tomar por sí mismo esas fotos que ha visto por todas partes.

CANDELÁRIA

Candelária, una pequeña localidad situada en la carretera entre Ponta Delgada y Mosteiros, disfruta de una agradable ubicación costera, dominada por el macizo volcánico. Sus laderas bien regadas son propicias para el cultivo y los jardines de flores.

PONTA DA FERRARIA ★★★

Ponta da Ferraria es un lugar increíble. Primero se puede admirar desde lejos, desde el Miradouro do Escalvado, y luego se desciende por una carretera sinuosa y empinada, ¡quizá la más empinada de la isla! Al fondo hay paisajes llanos y lunares, rocas volcánicas desdentadas y una fantástica piscina marina calentada gracias a los manantiales de aguas termales. Independientemente de la época del año, la temperatura del agua oscila entre los 24 y los 36 °C, según la altura de las olas. Así que, como puede ver, ¡necesitará un bañador! Aquí, en 2010, abrió sus puertas un centro termal.

MOSTEIROS

Mosteiros es uno de los lugares más pintorescos para bañarse en São Miguel, y de los más populares en verano. Aquí la costa está recortada formando bahías y puntas rocosas. Hay una piscina natural y una preciosa playa de arena negra, pero cuidado: la potencia de las olas hace que a veces el baño sea peligroso o incluso que esté prohibido.

VISITA

En la costa, los islotes de los Mosteiros y el Pico das Camarinhas albergan los vestigios de la vegetación primitiva de la isla. Gaspar Frutuoso, en su crónica *Sauteza da terra,* informa de una leyenda según la cual la región de los Mosteiros formaba parte del gran abrigo del gigante Almoural, cuyo cuerpo era la isla de São Miguel; los islotes de los Mosteiros serían la punta de uno de los pies.

AJUDA DA BRETANHA ⭐

Ajuda da Bretanha es una aldea pequeña pero muy pintoresca y auténtica, enclavada en un paisaje agradable. Merece la pena visitar el Moinho do Pico, junto a la capilla Ermida Santo António. Si el tiempo lo permite, seguro que sacará buenas fotos, con el océano al fondo. Está a unos diez minutos del borde del cráter, con vistas a la Lagoa Azul y la Lagoa Verde, y a unos veinte minutos de Mosteiros, con su playa de arena y su piscina natural. Existe cierta confusión en torno a la historia del asentamiento que originó la localidad. Al parecer, los primeros pobladores llegaron a finales del siglo XV; después, los bretones abandonaron Finisterre para dirigirse a estas tierras aún más lejanas (de ahí «Bretaña»), por razones que siguen sin estar claras; quizá huían de alguna persecución política, o tal vez naufragaron en su camino hacia el Nuevo Mundo... Claude Dervenn alude a esto en su viaje de 1955 y señala que el acento de la zona es revelador: los habitantes pronuncian la «u» como en francés; ciertas palabras, como *guernel*, que significa «desván», recuerdan el dialecto guerneseyés; los frontones de las casitas miran al oeste, como en Bretaña... Un detalle anecdótico en la historia de las Azores, pero ¡tan instructivo! Capelas es la siguiente parada.

CAPELAS

Un mirador, el Miradouro do Navio, ofrece unas magníficas vistas de la costa norte hasta Ribeira Grande. Capelas, que fue un importante centro ballenero, como demuestra el antiguo puerto de Poços, es hoy un conocido centro turístico favorecido por un agradable microclima.

▪ MIRADOURO DAS PEDRAS NEGRAS ⭐

Situado en la costa norte de la isla, muy cerca del pueblo de Capelas, este *miradouro* permite observar la popular «trompa de elefante». Se necesita poca imaginación para visualizar al animal en la roca moldeada por el agua. Su apodo, *Miradouro da Tromba de Elefante*, hace referencia a la trompa de elefante que desciende hasta el mar, aunque también podemos ver sus orejas bien dibujadas en la roca. Un punto de vista inusual que no hay que perderse.

© LILIANA MARMELO – SHUTTERSTOCK.COM

Iglesia de Ajuda da Bretanha.

VISITA

■ **OFICINA MUSEU**
Rua do Loural, 56
℡ +351 296 989 497
oficinamuseu@gmail.com
Aquí podrá conocer la vida y los uten-
silios de los artesanos tradicionales:
sastre, barbero, carpintero, herrero,
quincallero, alfarero o zapatero. También
hay una cocina típica de la región, una
taberna y una imprenta. Un verdadero
inventario al estilo Prévert: máquinas
de impresión, radios, teléfonos, discos,
películas antiguas, una colección de
sellos, bolígrafos, tarjetas telefónicas,
llaveros, encendedores... Un museo muy
bien compuesto con visitas guiadas.
También hay una tienda de artesanía
local donde comprar algún recuerdo.

SÃO VICENTE FERREIRA

Se trata de un pequeño pueblo ligeramente alejado de la costa, cerca de
Fenais da Luz. En la costa, no lejos
del pueblo, hay un bonito molino típi-
camente azoriano. También hay unas
magníficas piscinas naturales, conocidas
como Poços.
Tanto en São Vicente Ferreira como en
Fenais da Luz, el microclima es ideal para
el cultivo de la vid sobre gravilla de piedra
volcánica. Esto explica la presencia de
viñedos y quintas donde se produce
(buen) vino para consumo familiar o local.

FENAIS DA LUZ

Fenais da Luz debe su nombre a la
gran cantidad de heno (*feno*) que se
producía aquí. La iglesia parroquial tiene
un magnífico altar de madera tallada y
dorada y un reloj antiguo en la sacristía.
En el cementerio se alza una cruz de
basalto que conmemora las misiones
del padre Bademaker. Por último, no

muy lejos, en una calle paralela, intente
encontrar una hermosa fuente de piedra
tallada que data de 1851. A continuación,
el camino pasa por Calhetas.

RABO DE PEIXE

Rabo de Peixe es el mayor puerto
pesquero de las Azores y uno de los
lugares más densamente poblados de
la isla. La pequeña ciudad no es una
de las más bellas del archipiélago, pero
el casco antiguo es pintoresco.

COSTA SEPTENTRIONAL

RIBEIRA GRANDE

Los primeros colonos llegaron a Ribeira
Grande, en la costa norte de la isla, a
principios del siglo XVI. Construyeron
numerosos molinos a lo largo del río
que permitían hilar el lino y la lana,
fuente de la riqueza de la ciudad. Ribeira
Grande conoció su mayor desarrollo a
principios del siglo XVIII, con la llegada
de colonos franceses que trabajaban
para las grandes fábricas fundadas por
Colbert. Lo que queda de ello es un
cierto ambiente (Ribeira Grande es una
ciudad próspera) y un centro histórico
donde las calles, que se cruzan en ángulo
recto, están flanqueadas por mansiones
típicas de la arquitectura azoriana de
la época. Ribeira Grande adquirió el
estatus de ciudad en 1980 y actualmente cuenta con 15 000 habitantes.
Un agradable paseo marítimo renovado
permite magníficas caminatas hasta la
piscina. Por último, si le gusta el surf,
vaya a la playa de Santa Bárbara, a solo
cinco minutos del centro de la ciudad:
¡es uno de los mejores *spots* de las
Azores!

■ **ARQUIPÉLAGO** ★★

Rua Adolfo Coutinho de Medeiros, s/n
✆ +351 296 470 130
acacinfo@azores.gov.pt

Con un enfoque multidisciplinar, este dinámico centro de arte contemporáneo, situado en una antigua fábrica de alcohol y tabaco, impresiona por su arquitectura austera y sus paredes de basalto negro. El interior revela unos espacios expositivos bellos y refinados, y un acceso a las antiguas bodegas, donde continúa la exposición. Para aquellos con cierta reticencia hacia el arte contemporáneo, el edificio en sí mismo merece una visita. No dude en consultar el programa en la página web para conocer las diferentes exposiciones y eventos en curso.

■ **NOSSA SENHORA DA ESTRELA**

Rua do Prior Evaristo Carreiro
Gouveia, 45
✆ +351 296 473 660
suporte@matrizrg.pt

La iglesia, con su fachada blanca y su enorme campanario cuadrado de basalto, domina orgullosamente la plaza desde lo alto de la monumental escalinata que conduce al portal. Fue consagrada en 1517. En la sacristía hay un pequeño museo de arte sacro que muestra un bello tríptico flamenco del siglo XVI que representa a san Andrés. Un bonito edificio que merece una visita si pasa por Ribeira Grande. Aquí es donde gente de todo el mundo viene a adorar la *Imagem do Senhor Santo Cristo dos Milagres,* principalmente a mediados de mayo.

■ **FÁBRICA CERÂMICA MICAELENSE** ★

Rua do Rosário, 42
✆ +351 296 472 600
ceramica-micaelense8.webnode.pt
ceramica.micaelense@sapo.pt

Al igual que Lagoa en la costa sur, Ribeira Grande, en la costa norte, también tiene su propia fábrica de cerámica. Durante su visita, podrá conocer las diferentes etapas de producción de estas piezas únicas y, al final, aunque sea un poco arriesgado meter porcelana en sus maletas en el avión de vuelta, podrá pasarse por la tienda a echar un vistazo. Los objetos de cerámica son uno de los recuerdos más bonitos que puede traerse de las Azores.

■ **MUSEO CASA DO ARCANO** ★

R. João d'Horta; ✆ +351 296 470 763
museuarcano@cm-ribeiragrande.pt

Inaugurado en 2009, este museo fue acondicionado en la casa natal de la hermana Margarita del Apocalipsis (1779-1858) y alberga el *Arcano*, obra mística e insólita a la que la hermana dedicó toda su vida. Considerado como un tesoro regional, el *Arcano* es un escaparate que expone tres niveles de figuras (santones en harina de arroz y goma arábiga) de uno a veinte centímetros que representan escenas bíblicas. En la casa se han conservado algunos espacios, como los techos y la cocina, donde se puede ver, por ejemplo, un horno tradicional.

■ **CASCO ANTIGUO** ★★

Alrededor del jardín público, donde se puede disfrutar de la contemplación de los magníficos metrosíderos o «árboles de terciopelo», se pueden observar varios edificios destacables. Es difícil no darse cuenta de la exuberante fachada de la iglesia del Espíritu Santo, un antiguo templo de la cofradía de la Misericordia. El interior es, en cambio, muy sobrio. El Ayuntamiento es un buen ejemplo de arquitectura civil de los siglos XVII y XVIII. Contiene una colección de retratos de jefes de Estado, desde doña Maria II hasta nuestros días.

RIBEIRA SECA

En Ribeira Seca, municipio colindante con Ribeira Grande, las ruinas de una fuente sepultada por la erupción del Pico do Sapateiro en 1563 merecen una breve parada. La iglesia de São Pedro, justo enfrente, no tendría nada de especial si no fuera por la popular fiesta de las Cavalhadas de São Pedro, que se celebra el 29 de junio. Para completar la visita, hay otro paraje natural interesante que se puede explorar en verano, cuando brilla el sol: la Furna do Sol, en la Ponta do Cintrão, cerca de Ribeirinha. Solo se puede llegar por mar, como hizo el rey Dom Carlos cuando visitó la isla. Si le apetece una aventura, pregunte en la oficina de turismo de Ribeira Grande.

PRAIA DA SANTA BÁRBARA

Esta playa se ha hecho un nombre en el mundo de los deportes acuáticos. En 2013, Santa Bárbara acogió el Eurosurf. También se celebra aquí cada septiembre un campeonato internacional de surf: el Azores Airlines Pro. Como puede ver, ¡Santa Bárbara es una delicia para los amantes de las olas!

PORTO FORMOSO

Porto Formoso bien merece una visita prolongada por su agradable ubicación. La pequeña playa dos Moinhos, muy frecuentada en verano, está muy bien situada, pero es mejor venir a bañarse por la mañana, ya que después el sol desaparece detrás de las colinas. También recomendamos el paseo alrededor del pueblo (TM n.º 4). Se trata de una caminata de seis kilómetros que le llevará a pasear junto al océano y a descubrir una cascada, y todo de forma casi confidencial (normalmente no se cruzará con mucha gente). El pueblo también alberga una de las dos fábricas de té de la isla, ¡y de Europa!

■ **FÁBRICA DE TÉ DE PORTO FORMOSO**
Estrada Regional, 22
✆ +351 296 442 342
www.chaportoformoso.com
geral@chaportoformoso.com
Quizás más interesante para los turistas que el de Gorreana porque está mejor equipado, lo que también significa que es un poco menos auténtico. Incluye una zona de vídeo, un museo y una tienda de recuerdos donde se ofrece una degustación gratuita. Muy bonita vista de la costa desde el jardín botánico; un pequeño sendero permite perderse en medio de la plantación. Puede comprar té en el lugar por un 40% menos que en las tiendas de la ciudad o en el aeropuerto.

MAIA (SÃO MIGUEL)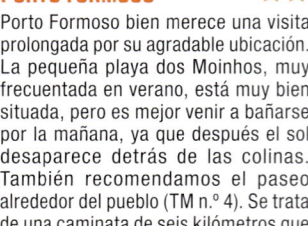

Después de Porto Formoso la carretera pasa por São Brás y sigue hasta Maia, una tranquila aldea de pescadores que debe su nombre a Inês da Maia, que vivió en el pueblo a finales del siglo XV.
Una buena opción para la hora de comer: diríjase al cabo, el Miradouro do Fràde y su área de pícnic, bien equipada y resguardada (aunque cuando hace viento, en fin...). Desde allí se puede disfrutar de una fantástica vista de la costa, incluida una cascada que se precipita directamente al mar, como las que se pueden ver en Madeira. Para ver la cascada aún más de cerca hay que

© DE VISU – SHUTTERSTOCK.COM

VISITA

Maia.

continuar hasta el final de la Travessa da Rua de Santa Catarina, que sale de la plaza central; no hay aparcamiento, es solo el final de la calle, pero entonces se puede girar a la derecha e incorporarse a la carretera que va a Lomba da Maia. Los amantes de la auténtica tranquilidad pueden alojarse en los alrededores.

■ FÁBRICA DE TÉ GORREANA ☆
Carretera principal
✆ +351 296 442 349
gorreana.pt
gorreanazores@gmail.com
Esta fábrica de té ha estado en funcionamiento desde 1883 y todavía pertenece a la familia que la fundó. Si bien es verdad que es más auténtica que la de Porto Formoso y su acogida es igualmente amable, la visita no es tan educativa. Por otro lado, podrá admirar la perfecta alineación de la plantación y la vista que se pierde en el horizonte; también podrá degustar el té verde gratis, una variedad que solo se encuentra aquí. El cultivo del té en las Azores es original y específico de la región, así que le recomendamos visitar alguna de las fábricas.

■ MUSEO DEL TABACO ☆
Estrada Regional de São Pedro
✆ +351 296 442 905
mtm.scmm@gmail.com
La fábrica de tabaco más antigua de São Miguel, en funcionamiento desde 1871 hasta 1988, es ahora un museo. Se explican todas las etapas de la fabricación del tabaco y los métodos tradicionales y ancestrales de producción. La visita, siempre guiada, es clara e informativa. Los guías hablan inglés y portugués. Se echa en falta que no haya fotos o presentaciones de diapositivas para presentar la profesión, solo un corto vídeo, y que ni siquiera exista la posibilidad de poder comprar los cigarrillos que todavía se producen en la isla.

REGIÓN CENTRAL

LOMBADAS

La carretera secundaria que lleva de Ribeira Grande a Lagoa do Congro es, en nuestra opinión, una de las más bonitas de la isla. Pero es necesario tener coche, de lo contrario es más complicado porque no hay autobuses. Por otra parte, como se trata de una carretera secundaria, no siempre está en buen estado.

Primero se pasa por un lugar llamado Caldeiras, que aún da testimonio de la vitalidad volcánica del subsuelo. Antiguamente fue un balneario, probablemente muy atractivo, pero ahora está bastante deteriorado por el paso del tiempo; todavía se puede disfrutar de un baño en sus aguas termales.

A continuación, la carretera asciende, con bellas vistas sobre Ribeira Grande y la costa norte, hasta el extremo occidental de la isla, antes de girar a la derecha en un desvío hacia el valle de Lombadas, un lugar salvaje, poco conocido y conmovedor. La carretera pronto se convierte en un camino asfaltado rodeado de interesante vegetación. A la derecha se divisa una hermosa cascada que brota de la arboleda. Se cruza Ribeira Grande y finalmente se llega a una casa abandonada, devastada hace unos años por un gigantesco corrimiento de tierras. A partir de aquí, un sendero conduce al que quizá sea el paseo más espectacular de São Miguel.

LAGOA DO CONGRO

La carretera a Lagoa do Congro no es precisamente espectacular, pero en un día despejado se puede contemplar toda la llanura de Ribeira Grande hasta las montañas de Sete Cidades, y por el otro lado todos los picos hacia el este y el Pico da Vara, el punto más alto de la isla. Lo más probable es que en esta apetecible carretera esté casi solo.

Lagoa do Congro es otra pequeña maravilla a la que se llega por un camino de tierra a la derecha sin señalizar o,

Lagoa do Congro.

poco después, tomando la carretera asfaltada a Vila Franca (la señalización es incierta unos cientos de metros más adelante). En cualquier caso, es mejor aparcar antes de tomar el camino (si dispone de coche, claro), ya que la pista puede ser peligrosa y el lugar en sí está lo suficientemente cerca para dar un agradable paseo.

De hecho, el lago solo se ve al llegar, ya que está enclavado en el interior de una caldera, rodeado de densas *cryptomerias*. Puede resultar difícil apreciar la originalidad del lugar, y quizá merezca la pena subir a una colina cercana para obtener una vista general.

CALDEIRA VELHA

En la carretera transversal que une Lagoa con Ribeira Grande por Lagoa do Fogo, destaca un portal en una curva. Catalogado como Monumento Natural, el lugar de Caldeira Velha está actualmente sujeto al pago de una tasa.

■ CALDEIRA VELHA

✆ +351 296 704 669
info.sraac.ciacv@azores.gov.pt
En el descenso entre la Lagoa do Fogo y Ribeira Grande.

Es un lugar absolutamente encantador, con la vegetación exuberante del trópico, donde se puede disfrutar de los placeres de un baño relajante: una pequeña piscina debajo de una cascada naturalmente cálida, y otras dos un poco más arriba. Como si estuviese en una enorme bañera llena de agua sulfurada y siempre a la temperatura adecuada (unos 38 ºC), con un halo de vapor cuando el clima es fresco, pero siempre en un ambiente familiar y agradable. El área es una muestra de la actividad volcánica de la región.

LAGOA DO FOGO

Situada en el interior de São Miguel, Lagoa do Fogo es uno de los parajes más bellos de una isla a la que no le faltan paisajes suntuosos. Varios *miradouros*, miradores naturales situados en la misma carretera, permiten contemplar todo su esplendor. El lago azul, situado en el fondo de un cráter volcánico (una erupción del Pico da Sapateira, hoy Pico Queimada, que destruyó parcialmente Ribeira Seca en 1563), aparece como suspendido entre el cielo y el mar: al mirar hacia el norte, el relieve desciende y el mar se contempla casi como una continuación de la superficie del lago que hay en lo alto. Gracias quizás a su perspectiva en picado, esta vista difumina un poco la percepción de los diferentes niveles. El efecto es sorprendente. También es curioso escuchar, desde lo alto de la carretera, el murmullo que se oye a lo lejos a intervalos regulares, sin que uno se dé cuenta de dónde procede: en realidad es el vapor que escapa en un penacho de la central geotérmica situada más al norte.

El lugar está permanentemente sobrevolado por una colonia de gaviotas, lo que acentúa lo misterioso del entorno. Igualmente misteriosa, pero más problemática, es la densa niebla que a menudo impide disfrutar de esta maravilla natural. No es raro que la gente regrese de su expedición con las manos vacías.

Sin embargo, el lugar adquiere realmente una dimensión encantadora cuando el sol irrumpe de repente entre las nubes, inundando el cráter y el mar a lo lejos, así como toda la llanura de Ribeira Grande, con una luz extraña, casi apocalíptica... El espectáculo es impresionante y garantiza unas fotos magníficas.

COSTA MERIDIONAL

LAGOA

Los primeros habitantes de la zona se asentaron en torno a lo que hoy es la iglesia de Santa Cruz, cerca de un lago (ya desaparecido) que dio nombre a la nueva aldea. La riqueza del suelo hizo de ella una de las mejores regiones agrícolas de la isla.

Como resultado, Lagoa se desarrolló rápidamente y adquirió el estatus de ciudad en 1522. Aquí se cultivaba trigo, hierba pastel (glasto) y vid. En el siglo XVIII el desarrollo del mercado de la naranja contribuyó al enriquecimiento de la ciudad, cuyo puerto desempeñó un papel importante en el comercio. A esto le siguieron las primeras industrias, sobre todo una destilería de alcohol, y los primeros cultivos de piña. A partir de 1862, Lagoa se convirtió en un importante centro de producción de cerámica, cuya fábrica, la Cerâmica Vieira, sigue abierta al público. En la actualidad los principales cultivos son el tabaco, la achicoria, la remolacha, la piña, el plátano y la naranja.

■ FÁBRICA CERÂMICA VIEIRA

Rua das Alminhas, 10-12
✆ +351 296 912 116

Creada a mediados del siglo XIX, esta fábrica pertenece a la misma familia desde hace cinco generaciones. Todas las piezas son originales y están hechas a mano; por supuesto que puede admirarlas simplemente si no quiere cargar sus maletas con alguna de ellas (de todos los precios), por magníficas que sean. La visita es rápida y lamentamos que no haya más carteles explicativos. Para los amantes de los azulejos, no cabe duda de que quedarán encantados.

■ CASCO HISTÓRICO

Hay algunos edificios interesantes de siglos pasados, pero el recorrido se hace bastante rápido. La iglesia parroquial de Santa Cruz, con las bóvedas del santuario y la capilla del Santísimo Sacramento de estilo manuelino; la iglesia de Nossa Senhora do Rosário, con una bella colección de esculturas del siglo XVIII de Machado de Castro, o el convento franciscano, construido en 1749, con su bella fachada barroca (un precioso y pequeño parque adosado, en la salida de la ciudad hacia Água de Pau), son algunos de los lugares interesantes para visitar.

ÁGUA DE PAU

Se trata de la localidad con más agua dulce y potable de São Miguel, ¡con no menos de veintisiete fuentes! Si no tiene prisa, diviértase buscando alguna de ellas: de piedra volcánica o de cerámica, no hay dos exactamente iguales. También puede aprovechar para visitar la iglesia de Nossa Senhora dos Anjos, en cuya fachada destaca la cruz barroca de la Orden de Cristo. En su interior, tres naves y un artesonado con el escudo real. Todos los años, el 15 de agosto, el edificio se engalana con motivo de la fiesta religiosa de Nossa Senhora dos Anjos. Durante una semana, la ciudad acoge a miles de personas procedentes de las Azores, Portugal, Canadá y Europa.

Água de Pau también alberga un pequeño e interesante museo, la Mercearia Central, que muestra el modo de vida de los azorianos en tiempos pasados. Por último, si tiene hambre, no se pierda el restaurante Paraíso do Milénio, muy recomendado por los lugareños.

CALOURA

La primera imagen de este bonito pueblo se obtiene desde el Miradouro do Pisão, en la carretera principal que conduce a Ponta Delgada: ofrece una interesante panorámica de la costa sur, el islote de Vila Franca y Caloura abajo, con su piscina natural, muy concurrida en verano, en la parte delantera del rompeolas.

Caloura, pequeño puerto pesquero tradicional al final de una estrecha rada, está situado en un paraje agradable, protegido por un alto acantilado cubierto de vegetación, en medio de viñedos rodeados de *currais*, muros bajos de piedra basáltica negra. La zona es famosa por su *vinho de cheiro,* de aroma fácilmente identificable. Mención aparte merece el convento de Caloura. En la actualidad es de propiedad privada, por lo que solo lo podrá visitar si están los dueños y si lo pide. Unas hermosas araucarias y otros metrosideros invitan a entrar en la iglesia de Nossa Senhora das Dores, bello ejemplo de arquitectura barroca de los siglos XVI y XVII. El famoso culto al Cristo de los Milagros se originó en este mismo convento, pero la sagrada imagen fue trasladada al convento da Esperança de Ponta Delgada en 1541, tras los repetidos ataques de los corsarios.

RIBEIRA CHÃ

Esta pequeña villa situada entre Lagoa y Vila Franca do Campo es especialmente interesante por su complejo museístico, uno de los mayores del archipiélago.

■ **NÚCLEO MUSEOLÓGICO**
Rua da Igreja, 39
✆ +351 296 913 787
ribeirachamuseus@sapo.pt
En el centro, al lado de la iglesia.
Interesante complejo formado por tres museos: agrícola, etnográfico y de arte sacro. Este último merece una visita por la imagen de Nossa Senhora da Ajuda, del siglo XVI, que adornaba una capilla ya desaparecida. La sección etnográfica muestra la vida cotidiana de varios artesanos de principios del siglo XX, con sus herramientas usuales y objetos de arte popular. Un pequeño jardín botánico contiguo permite contemplar algunos ejemplos de la vegetación endémica de la región.

VISITA

Ribeira Chã.

© GRANADERO - SHUTTERSTOCK.COM

VILA FRANCA DO CAMPO

Fue la primera capital de la isla, destruida casi en su totalidad por un terremoto en 1552 (se cree que murieron unas cuatro mil personas). Perdió importancia en favor de Ponta Delgada. En 1582, una decisiva batalla naval frente a la villa dio la victoria a los españoles, cuando Felipe II subió al trono de Portugal.

Su nombre procede de su situación geográfica (la ciudad está situada en una llanura fértil o campo) y económica (era una ciudad libre, franca, y sus habitantes estaban exentos de impuestos). Actualmente es un puerto pesquero que puede calificarse de típico, al igual que la alfarería local, cuya tradición se remonta a varios siglos. Su prosperidad económica proviene del cultivo de la hierba pastel y la caña de azúcar, así como del trigo, el maíz, el boniato, la vid, el plátano y la piña: solo en este *concelho,* sus 800 invernaderos producen cada año entre 500 000 y 800 000 frutos. La ganadería y la pesca

son, por supuesto, esenciales hoy en día. También puede degustar, en los diversos quioscos y panaderías, un pastel local delicioso llamado *queijada da Vila.*

▪ ERMITA (ERMIDA) DE NOSSA SENHORA DA PAZ

Rua Luis Medeiros Rezendes Paiva, 33
℡ +351 296 539 100
Construida en la ladera de una montaña, domina toda la región de Vila Franca do Campo. Su doble escalinata decorada con azulejos recuerda a la de los santuarios de Lamego o Braga, dominados estos, cierto es, por imponentes iglesias, mientras que esta es una modesta capilla. Sin embargo, ofrece una vista excepcional. Fue construida en el siglo XVI, según la leyenda, tras la aparición de la Virgen María a un pastor.

▪ IGLESIA DE SANTO ANDRÉ ⭐

Rua Visc. do Botelho
Forma parte del antiguo convento de Santo André, del siglo XVI (parcialmente destruido tras la extinción de las órdenes religiosas en 1832, el palacio y la iglesia siguen en pie). Es aquí donde se inventaron las famosas *queijadas da Vila.* Los estilos barroco y neoclásico se mezclan. Cuando el rey don Pedro IV decidió disolver las órdenes religiosas en 1832, las clarisas tuvieron que cerrar la tienda, y hoy solo queda una parte de la iglesia y del locutorio. Si se encuentra en Vila Franca do Campo, la visita puede resultar interesante.

▪ IGLESIA PARROQUIAL DE SÃO MIGUEL ARCANJO ⭐

Rua Teófilo Braga, 81
℡ +351 296 582 246
paroquia.smiguel.vfc@gmail.com
Construida en el siglo XV por Rui Gonçalves da Câmara, el tercer capitán

Vistas sobre Vila Franca do Campo desde Nossa Senhora da Paz.

donatario de la isla, fue completamente destruida por el terremoto de 1522 e inmediatamente reconstruida siguiendo el mismo esquema. Tiene tres naves, un frontispicio decorado con la cruz de Cristo, un campanario de basalto y una puerta gótica apuntada. En su interior destaca el soberbio altar mayor de madera dorada y tallada, y adornado con azulejos.

■ ILHÉU DA VILA

bilheteira.cnvfc.net/bilheteira
Frente a la ciudad se encuentra una pequeña isla a la que se puede llegar en barco: Ilhéu da Vila. Clasificada como Reserva Natural, tiene una forma curiosa: en el centro tiene excavada, en forma de círculo, una laguna que alberga una pequeña y deliciosa playa. Cerca de este hermoso islote, que parece un paraíso, se produjo la trágica derrota de la flota francesa enviada por Catalina de Médici para ayudar a Dom António a recuperar su trono contra la armada española del marqués de Santa Cruz, el 26 de julio de 1582. Una agradable excursión.

■ MUSEU ETNOGRÁFICO DE VILA FRANCA DO CAMPO 🟡

Rua Visconte Buthelo, 13
✆ +351 296 539 282
cmvfc.pt/servicos/museu-municipal
museuvfc@cmvfc.pt
El museo cuenta con una fina colección de cerámica local y muchas piezas procedentes de excavaciones arqueológicas realizadas en toda la isla de São Miguel. Las exposiciones pretenden reflejar las tradiciones y experiencias ancestrales de la ciudad y de la isla en general. Los visitantes podrán observar artesanías tradicionales, el arte de la caza de ballenas, objetos religiosos, descubrimientos arqueológicos, etc. Bastante interesante.

FURNAS

Sin duda, Furnas es uno de los imprescindibles turísticos de São Miguel. Se puede llegar desde el norte (Ribeira Grande) o desde el sur (Vila Franca), en ambos casos con carreteras de acceso (muy) pintorescas. Constituye una base estupenda para explorar el centro de la isla y la región del nordeste. La pequeña ciudad alberga veintidós manantiales medicinales cuyas aguas brotan calientes y sulfurosas, y que desprenden asombrosas fumarolas en torno a las concreciones formadas por sales depositadas a lo largo de los siglos. Con las aguas ferruginosas de Furnas, los lugareños encuentran remedio para todas las enfermedades respiratorias conocidas hasta la fecha, en una especie de estado de inhalación permanente. El espléndido parque botánico del hotel Terra Nostra atrae a los visitantes a su piscina terapéutica.
El Vale das Furnas está atravesado por dos ríos, o más bien dos torrentes: uno frío, el otro caliente y ferruginoso. Aquí y allá hay molinos de agua *típicos,* como explican los folletos turísticos. Por último, para los aficionados, Furnas también cuenta con un bonito campo de golf.

■ CENTRO DE MONITORIZACIÓN E INVESTIGACIÓN DE FURNAS

Rua da Lagoa das Furnas, 1489
✆ +351 296 584 436
En la Lagoa das Furnas.
Abierto desde el 1 de julio de 2011, este centro de investigación, ubicado en un edificio ultramoderno, trabaja en el control y la recuperación de la calidad del agua del lago de Furnas. Porque bajo su apariencia idílica, este espacio sufre un verdadero problema medioambiental: la excesiva contaminación debida a la repetida intervención humana.

VISITA

Durante la visita, aprenderá, entre otras cosas, que antes de la última erupción de 1630, el lago —que incluso se desplazó— estaba desprovisto de toda presencia animal. Fueron los humanos quienes, después del evento, comenzaron a introducir peces en la zona, desequilibrando el ecosistema. Más tarde, y hasta hace poco, la ganadería lechera, demasiado intensiva, empeoró el fenómeno. Hoy en día, una docena de personas trabajan en este centro con el apoyo del gobierno local y los fondos europeos. Incluye un auditorio para los talleres y los seminarios y una amplia zona cubierta para exposiciones que, a través de mecanismos interactivos, herramientas de fácil manejo, plataformas multimedia y visitas guiadas, propone a los visitantes descubrir el ecosistema de la laguna, así como la flora y la fauna locales. Hay áreas exteriores, especialmente las zonas de pícnic y de contemplación, así como un gran espacio verde con una vista privilegiada de la laguna, donde los visitantes pueden disfrutar plenamente del paisaje. Una visita imprescindible en la ciudad de Furnas.

■ LAGOA DAS FURNAS ⭐⭐

A pocos minutos de Furnas, el lago es una invitación al descanso y a la meditación. Viniendo del pueblo, la primera calle a la derecha conduce a una pequeña playa bien acondicionada, con un bar de refrescos y botes a pedales; es una oportunidad para ver fumarolas pequeñas, menos impresionantes pero tan fragantes como sus hermanas mayores en la ciudad. Preparan el famoso *cozido*, una de las comidas más pintorescas que se pueden degustar en las Azores. Si quiere observar cómo se elabora, venga el domingo a mediodía: un momento agradable y formativo. Ojo, no es una tradición que se ha revivido de nuevo a causa del turismo; esta comida cocinada con vapor volcánico es muy apreciada por los lugareños, que vienen a comer con sus familias los domingos en este magnífico entorno. Si quiere probar el *cozido* en uno de los restaurantes de Furnas, lo que recomendamos encarecidamente, debe reservar como mínimo la noche anterior, ya que el tiempo de preparación lo exige. En verano, la Quinta d'Água ofrece numerosas actividades: paseos a caballo, en bicicleta, en carro, paseos por el lago... En septiembre, el circuito alrededor del lago permite observar numerosas especies vegetales, como el lirio amarillo, de flores muy fragantes. Parte del recorrido discurre a lo largo de una hermosa carretera asfaltada. Es posible bañarse. Por la tarde, la expedición puede continuar con el ascenso al pico de Areia, el pico más alto de la caldera: magníficas vistas de Furnas y del lago.

■ MIRADOURO DO PICO DE FERRO

En las alturas, a 544 metros, muy cerca del campo de golf, la vista es magnífica sobre el cráter, de siete kilómetros de diámetro y 250 metros de profundidad; y los días soleados, sobre las cimas del Planalto dos Graminhais, al este. A veces incluso se puede ver la isla de Santa Maria.

Este magnífico mirador es accesible a pie (ojo, es muy escarpado y resbaladizo en caso de lluvia) o en coche. Más información en la página web oficial de las excursiones en las Azores: http://trails.visitazores.com.

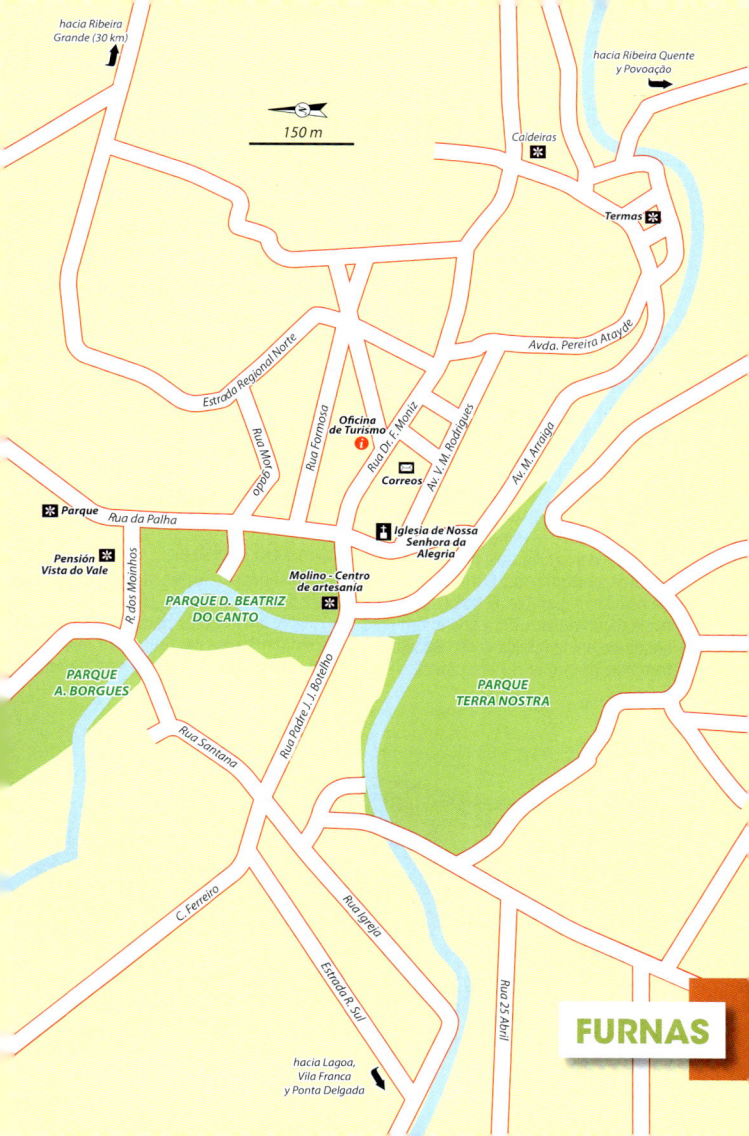

hacia Ribeira
Grande (30 km)

hacia Ribeira Quente
y Povoação

150 m

Caldeiras

Termas

Avda. Pereira Ataíde

Estrada Regional Norte

Rua Formosa

Rua Morabo

Rua Dr. F. Moniz

Oficina
de Turismo

Av. V. M. Rodrigues

Av. M. Arriaga

Correos

Iglesia de Nossa
Senhora da
Alegría

Parque

Rua da Palha

R. dos Moinhos

Pensión
Vista do Vale

Molino - Centro
de artesanía

PARQUE D. BEATRIZ
DO CANTO

PARQUE
A. BORGUES

PARQUE
TERRA NOSTRA

Rua Padre J. Botelho

Rua Santana

C. Ferreiro

Rua Igreja

Estrada R. Sul

Rua 25 Abril

hacia Lagoa,
Vila Franca
y Ponta Delgada

FURNAS

■ **PARQUE BOTÁNICO TERRA NOSTRA** ⭐⭐⭐
Rua Padre José Jacinto
☎ +351 296 549 090
www.parqueterranostra.com
terra.nostra@bensaude.pt

En 1780, el cónsul estadounidense Thomas Hickling construyó una casa de veraneo de madera con vistas a una piscina, la cual rodeó de árboles, principalmente de Norteamérica. A su muerte, en 1834, la propiedad fue adquirida por el vizconde de Praia, que construyó la Casa do Parque en el emplazamiento del *Yankee Hall,* como se conocía la residencia del cónsul, que era particularmente concurrida. La vizcondesa, muy interesada por la botánica, y luego su propio hijo, tras la muerte del vizconde en 1872, transformaron las dos hectáreas ya plantadas en un hermoso y romántico jardín con lagos, senderos sinuosos, flores y exóticos árboles centenarios inmersos en un silencio incomparable. El hotel adyacente fue inaugurado en 1935 y posteriormente adquirido por la familia Vasco Bensaúde, también amantes de las plantas, que ampliaron el parque hasta las actuales 12,5 hectáreas. La piscina fue ampliada y se rodeó con piedras, y la mayoría de los senderos fueron rehabilitados. Durante la década de 1990, el parque fue sometido a una importante restauración, que mantuvo los 2485 árboles existentes y plantó cerca de 3000 más, como los rododendros malayos. Es el único lugar de Europa donde crecen al aire libre sin protección especial. En una palabra, este jardín botánico realmente merece una visita con calma. Es un imprescindible de São Miguel y de Furnas. Su visita no estará completa si no ha visitado el Jardín Botánico de Terra Nostra. Uno de nuestros lugares favoritos.

REGIÓN NORDESTE

SALTO DO CAVALO

Desde Furnas, tome la carretera en dirección norte hacia Ribeira Grande y gire a la derecha hacia Salga para llegar al mirador del Salto do Cavalo, a 805 metros de altitud. La ruta es muy

Salto do Cavalo.

agradable, con bonitas vistas del interior de la isla y de las costas sur y norte. El paisaje es sumamente tranquilo.

En un día despejado, la vista desde el mirador es impresionante: se puede ver todo el valle de Furnas, con el lago jugando a veces con la vista cuando la luz refleja la vegetación circundante. Entonces parece fundirse con ella. Más adelante están la llanura de Povoação y sus siete colinas vecinas. Poco después, puede girar a la derecha en dirección a Povoação, si no quiere dar toda la vuelta, o bien seguir recto por una carretera no tan buena, pero igual de bucólica y relajante, en compañía del océano y de las arboledas de *cryptomerias* diseminadas aquí y allá en las colinas, hasta Salga. En el cruce con la carretera principal de la costa norte, gire a la derecha en dirección a Nordeste. El asfalto está en relativo buen estado y la ruta es muy sinuosa.

SALTO DA FARINHA ⭐⭐

Es un mirador bien señalizado a la izquierda de la carretera. El salto da Farinha ofrece unas vistas impresionantes del conjunto que forman una cascada de cuarenta metros de altura, el acantilado, una pequeña casa encaramada y el océano. Una playa de guijarros espera a los más temerarios en la parte inferior.

RIBEIRA DOS CALDEIROS ⭐⭐

Después de Achadinha, y poco antes de Achada, se llega a un pequeño y encantador valle que es imposible pasar por alto. Una soberbia cascada brota a la derecha, sobre todo cuando ha llovido, en medio de un paisaje a la vez salvaje y ordenado. A la izquierda de la carretera, cerca de un molino de agua restaurado (unas graves inundaciones destruyeron casi la totalidad del centenar de molinos del nordeste de la isla en 1986, pero ahora se están restaurando algunos), se desliza tranquilamente una pequeña *levada*. Es un placer pasear por los parterres de azaleas y los pitosporos que la rodean. En el interior encontrará un bonito molino de grano que suele estar en funcionamiento, así que no dude en entrar.

■ PARQUE NATURAL DA RIBEIRA DOS CALDEIRÕES ⭐⭐
Estrada Regional

Es absolutamente necesario encontrar tiempo para detenerse aquí. El proyecto consiste en poner en valor el paisaje y la apuesta ha sido más que exitosa. Por todas partes hay cascadas, pequeños senderos para pasear en esta encantadora naturaleza, quioscos, bancos para sentarse y contemplar... Todo es verde y exuberante, un verdadero paraíso. Es un paraíso a la vuelta de la esquina, un valle frondoso donde escuchar la naturaleza y relajarse un rato.

ACHADA ⭐

Esta pequeña localidad es especialmente interesante por su cascada y el camino que hay que seguir para llegar hasta ella.

■ IGLESIA DE NOSSA SENHORA DA ANUNCIAÇÃO ⭐
Largo Padre Benjamim Resendes

Puede darse una vuelta por la iglesia parroquial de Nossa Senhora da Anunciação, edificada en el siglo XVI y reconstruida en 1782, sobre todo por la vista que se despliega desde el atrio, en la parte trasera, de los acantilados de la costa norte, a la sombra de una magnífica araucaria. Pero sobre todo no debe perderse, al cruzar al otro lado de la EN-1A, al fondo de una garganta estrecha, la preciosa cascada de Achada, en medio de un auténtico bosque de pitosporos.

■ POÇO AZUL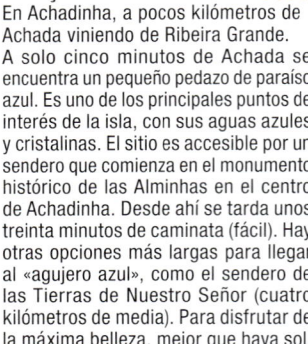

En Achadinha, a pocos kilómetros de Achada viniendo de Ribeira Grande.
A solo cinco minutos de Achada se encuentra un pequeño pedazo de paraíso azul. Es uno de los principales puntos de interés de la isla, con sus aguas azules y cristalinas. El sitio es accesible por un sendero que comienza en el monumento histórico de las Alminhas en el centro de Achadinha. Desde ahí se tarda unos treinta minutos de caminata (fácil). Hay otras opciones más largas para llegar al «agujero azul», como el sendero de las Tierras de Nuestro Señor (cuatro kilómetros de media). Para disfrutar de la máxima belleza, mejor que haya sol.

PICO DA VARA

Es el punto más alto de la isla que, con sus 1105 metros, domina sobre las tierras y el mar. Este pico volcánico es un lugar ideal para hacer senderismo.

■ ASCENSIÓN AL PICO DA VARA

Desde Achada, varias pistas suben hasta el Planalto dos Graminhais. Una de ellas parte de Algarvia; hay que tomar el camino de tierra hasta la meseta siguiendo la señalización del Pico da Vara. Luego se puede escalar la cima (unas dos horas). El panorama desde ahí, si el cielo está despejado, es magnífico; se abarca casi toda la isla. Atención, el acceso en coche no está garantizado en invierno, y incluso en verano es mejor informarse sobre el estado de las pistas.

SANTO ANTÓNIO DE NORDESTINHO

Santo António, al igual que São Pedro y Algarvia, formaba parte del municipio único de Nordestinho, que fue dividido en 2003. Es un lugar bucólico y muy agradable situado entre la tierra y el mar. Gracias a la nueva autopista, se puede llegar en menos de media hora desde el centro de la isla.

SÃO PEDRO DE NORDESTINHO

Al igual que Santo António, formó parte del antiguo municipio de Nordestinho. Se trata de una pequeña y encantadora localidad con una iglesia que merece la pena visitar.

LOMBA DA FAZENDA

Podrá pasear tranquilamente por el parque endémico de Lomba da Fazenda (Pelado), situado cerca de la costa, entre hayedos y nieblas. La proximidad del océano y la belleza salvaje de la costa invitan a hacer pícnics, a pasear o a pescar. La zona es ideal para practicar senderismo. Un recorrido posible es comenzar en Lomba da Fazenda y pasar por Vila do Nordeste, Boca da Ribeira y terminar en la piscina (cuatro kilómetros). Otro podría ser subir hasta el Pico da Vara pasando por Algarvia (ya comentado).

NORDESTE

Como su nombre indica, Nordeste, apodada «la décima isla», está situada en el extremo oriental de la isla de São Miguel. Si las Azores son ya, en muchos sentidos, una tierra en el confín del mundo, Nordeste es para los azorianos de São Miguel su fin del mundo insular. Antes de que se terminara la autopista en 2011, llegar hasta allí requería una *expedición* desde la capital, lo que, para los estándares azorianos, era un largo viaje. Hay pocas distracciones en el lugar. Pero Nordeste es el punto de partida ideal para los excursionistas que vienen en busca de una naturaleza salvaje: en el

© ALEXANDER JUNG – SHUTTERSTOCK.COM

VISITA

Nordeste.

bosque que cubre el cercano Pico da Vara (1103 metros), seguro que encuentran los senderos que necesitan para sus aventuras. Aquí se conserva la poca vegetación endémica que los colonos portugueses no destruyeron. En pocos años, una dinámica gestión municipal ha transformado Nordeste en un auténtico centro de turismo de naturaleza. Se han señalizado los senderos, se ha instalado un camping y los antiguos molinos de agua abren de mayo a septiembre.

▶ **Un consejo:** los senderos de Nordeste pueden implicar etapas largas, a menudo de más de un día. Obtendrá más información en la web oficial de senderismo de las Azores (*trilhos.visitazores.com*). Una buena opción para los no motorizados es alquilar un taxi hasta un lugar elevado y luego descender, disfrutando de las vistas del magnífico paisaje.

■ **CASA DO TRABALHO (CASA DEL TRABAJO)** ⭐
Estrada Regional, 7
☎ +351 296 488 448
casatrabalhonordeste@hotmail.com

La Casa del Trabajo merece una visita; de hecho es una asociación que dedica sus ganancias a una buena causa. Le permitirá descubrir el trabajo artesanal de las mujeres de esta región de la isla que perpetúan una tradición de gran nivel. Se enseñan las profesiones tradicionales, como el bordado y el tejido, y se confecciona la ropa típica de los grupos folclóricos de la isla. Aquí podrá comprar hermosas piezas y recuerdos locales.

■ **JARDINES** ⭐
Varios jardines agradables embellecen Nordeste, como el de la Boca da Rua, el del Viaduto o el municipal, que deleitan la vista. También podemos mencionar el jardín de la Quinta do Moinho, donde tiene todo lo necesario para disfrutar de un tranquilo paseo: flores multicolores, cascada, etc. La parada es agradable y tranquila. Un templo del espíritu zen. Cerca hay barbacoas y un aparcamiento para disfrutar un poco más del lugar. A destacar: acceso para personas con movilidad reducida. Las Azores son la naturaleza en todo su esplendor.

■ MUSEO DE NORDESTE ⭐

Rua Dona Maria do Rosário, 2
℃ +351 296 480 065

No es precisamente un museo nuevo. Abrió sus puertas hace más de treinta años, en 1989. Incluye una amplia y variada colección etnográfica. Aquí se pueden encontrar diversos artículos, como herramientas agrícolas, trajes antiguos, vajilla antigua... El Museo de Nordeste le permitirá descubrir las costumbres y estilos de vida de los habitantes de la región. Una buena manera de entender las tradiciones y el saber hacer de la población azoriana. Una inmersión en la vida cotidiana del país. Una visita sencilla pero interesante.

■ PUENTE CON ARCOS ⭐

El puente con siete arcos neorrománicos, construido en 1883, es muy pintoresco y es sin duda uno de los más bellos de São Miguel. No podrá esquivarlo si pasa por la ciudad de Nordeste. Se puede admirar desde abajo, desde la pequeña plaza o cruzarlo y admirar la vista de la ciudad desde arriba. Está decorado con flores de todos los colores en verano: merece una buena foto. Sin embargo, la mejor vista para apreciar su bella construcción la tendrá si se aleja un poco.

SERRA DA TRONQUEIRA ⭐⭐

El macizo volcánico de la Serra da Tronqueira, prácticamente despoblado, forma el interior de Nordeste. Una carretera lo atraviesa, permitiendo contemplar la belleza salvaje del macizo, que culmina en el Pico da Vara a 1105 metros de altitud.

■ TRAVESÍA DE LA SIERRA ⭐⭐⭐

Una pista atraviesa la sierra da Tronqueira desde Nordeste hasta la carretera de Povoação, en el sur, en un extraordinario paisaje de picos y desfiladeros, sobre un magnífico fondo de horizontes verdes y azules. Esta pista de veinte kilómetros puede estar en muy malas condiciones (especialmente en invierno) o incluso ser intransitable

Serra da Tronqueira.

con un coche convencional; la niebla es persistente en las alturas, pero con tiempo despejado el viaje realmente vale la pena. Paisajes aislados, naturalmente auténticos. Un desvío conduce al pico Bartolomeu a través del reciente Parque Florestal de Cancela do Cinzeiro, que cuenta con muchas variedades de plantas endémicas, un parque infantil, áreas de pícnic y senderos que se pierden en los bosques de *cryptomerias*, un lugar increíble. El camino al pico Bartolomeu es magnífico. Entramos en uno de los rincones más remotos y salvajes de la isla. Pasado el Parque Florestal, se llega a una línea de cresta desde donde la vista es espectacular sobre la costa este hasta Água Retorta y las montañas del interior cubiertas de densa vegetación. Llegamos a una antena de radio que marca su punto más alto. Desde allí, la vista de la carretera que acabamos de tomar, serpenteando a lo largo de las crestas, es sorprendente, por no mencionar el notable espectáculo a nuestros pies: un panorama que no abarca toda la isla, como en el pico de Vara, pero que resulta extraordinario cuando la luz atraviesa las nubes y salpica al azar las montañas y el mar en la distancia.

AGUA RETORTA

Algunos tejados de este pueblo son especialmente bonitos. Anécdota divertida (o no): la iglesia está construida en un descampado, lejos de las casas... ¿Por qué? Sencillamente porque en 1740 los ricos vivían abajo y los pobres arriba; todos querían tener la iglesia cerca de casa, así que el obispo tomó la sabia decisión de construirla en medio de los dos barrios. ¡Nada de celos!

FAIAL DA TERRA

Poco después de Agua Retorta, una carretera secundaria sale a la izquierda en dirección a Faial da Terra, una pequeña y pintoresca localidad cuya ubicación recuerda en cierto modo a algunos pueblos de Madeira.

Alternativa emocionante, esta carretera asfaltada nos lleva a través de paisajes bucólicos. Un mirador al comienzo del descenso ofrece una bonita vista del pueblo. Desde este, un agradable paseo de dos horas (ida y vuelta) le llevará al Salto do Prego, una vistosa cascada rodeada de fragantes pitosporos. También descubrirá la pequeña aldea de Sanguinho, que estuvo abandonada durante mucho tiempo y ahora ha sido restaurada como casa rural. Para los más perezosos, se puede visitar casi toda la zona en coche.

POVOAÇÃO

Los primeros habitantes de la isla se instalaron en 1444 en este insólito lugar rodeado de siete colinas, quizá con la esperanza de convertirlo en su propia Roma. Puede divertirse contándolas desde el mirador sobre la ciudad: Lombas do Cavaleiro, do Carro, do Botão, do Pomar, do Loução, do Alcaide y dos Pós. Los lugareños son famosos por su hospitalidad y su arte floral. Durante las fiestas del Espíritu Santo, las flores se esparcen por los caminos formando magníficos diseños. Las estrechas calles empedradas del centro de la población son una delicia. Merece la pena echar un vistazo a la iglesia de Nossa Senhora do Rosário, la más antigua de la isla, y pasear por el puerto. Por último, el reloj del ayuntamiento tiene una curiosa historia: fue fabricado por Schmoll, el relojero del rey Luis XVI, que tuvo que huir durante la Revolución.

VISITA

De camino a América, naufragó en Flores y navegó hasta Faial, donde le encargaron este reloj, por el que no le pagaron. Después navegó a São Miguel, lo vendió para la iglesia parroquial de Ponta Delgada, pero acabó trasladándose mucho más tarde a Povoação, donde se encuentra actualmente.

■ MUSEU DO TRIGO (MUSEO DEL TRIGO)
Nossa Senhora dos Remédios
Estrada Regional da Lomba do Alcaide
℡ +351 296 585 549
Este museo trata sobre el cultivo ancestral del trigo en las Azores, hoy desaparecido y reemplazado por la ganadería. Descubrirá las técnicas tradicionales de producción de los siglos XVIII y XIX. El Museo del Trigo es el resultado de la reconstrucción de un antiguo molino hidráulico, donde los visitantes pueden observar los instrumentos tradicionales utilizados durante la cosecha del trigo, así como una exposición permanente compuesta por paneles que evocan el cultivo de cereales en São Miguel.

RIBEIRA QUENTE ⭐
Otra típica aldea de pescadores que merece la pena visitar, en este caso por el encanto de su playa de arena, la relativamente solitaria Praia do Fogo. La carretera que conduce a ella desde Furnas, enmarcada por torrentes de aguas ferruginosas, está rodeada por una frondosa vegetación. En invierno no hay turistas, por supuesto, y sin embargo el puerto sigue estando muy activo; hay mucha pesca de *chicharros*, unos pequeños peces muy apreciados por los habitantes de la isla.

SANTA MARIA

Bahías profundas, playas solitarias (sin duda las más bellas del archipiélago), fondos marinos repletos de peces... Santa Maria seduce por su tranquilidad y sus paisajes bucólicos, ondulados e inalterados, donde el verde de los trigales y el amarillo de los prados se alternan con el azul infinito del océano al fondo. Las casas lucen orgullosas los colores de su pueblo (blanco y rojo, blanco y marrón o azul y blanco para el magnífico pueblo de Santa Bárbara). A una meseta de escasa altitud le sigue una zona escarpada donde domina, desde el centro, el Pico Alto (590 metros).
La isla, de origen volcánico, presenta también algunas zonas de origen sedimentario, lo que explica la presencia de afloramientos calcáreos (algunas *elevaciones* diseminadas por la isla, por ejemplo, en la bahía de São Lourenço) con fósiles marinos, prueba de sucesivas fases de sumersión y emersión desde el Mioceno. Esta isla, probablemente la primera que se descubrió en las Azores, tiene una larga tradición como escala en las rutas atlánticas: Cristóbal Colón hizo aquí una parada un tanto accidentada (fue confundido con un pirata) y se arrodilló en la capilla de los Ángeles. Aunque se desconoce la fecha exacta del descubrimiento de Santa Maria, sabemos con certeza que las carabelas portuguesas navegaron por su costa en 1427, y que poco después de esa fecha, Gonçalo Velho Cabral dejó allí algunas cabezas de ganado para ver si eran capaces de sobrevivir y multiplicarse. La isla estaba entonces cubierta de bosques: cedro, brezo, laurel...

SANTA MARIA

Ilhéu das Lagoinhas

Baía das Lagoinhas

Ponta do Norte

Ponta dos Frades

Ponta da Lobaio

Baía do Tagarete

Baía do Raposo

Baía da Cré

Lagoinhas Norte

Feteiras

Feteiras de Ca.

Feteiras de B.

Atafona

São Lourenço

Ilhéu de S. Lourenço

Santa Bárbara

Covão da Mula

Pico Alto
587 m

Pico do Penedo

Azenha de Bo.

Azenha de Ca.

Santo António

Ponta das Sabinas

Ponta do Cedro

Ponta do Castelete

Serra dos Prazeres

Maia

Ponta do Castelo

Calheta

Fonte do Jordão

Santo Espírito

Loural

Cruz

Glória

Serra da Boa Morte

Malbusca

Ponta de Malbusca

EN 2-2a

EN 2-2a

EN 1-2a

Almagreira

Brejo

Praia

Carreira

Valverde

Baía da Praia

Serra do Pilar

Nossa Senhora de Monserrate

São Pedro

Santana

Anjos

Aeropuerto

Cagarra

Ilhéu da Vila

VILA DO PORTO

Ponta do Malmerendo

N

3 km

Ciudades y pueblos

Pequeños pueblos y localidades

Principales cumbres

Miradores

Iglesia

Carreteras principales

Carreteras secundarias

VILA DO PORTO

Vila do Porto es la pequeña capital de Santa Maria. No es realmente un destino en sí misma, pero es una base agradable desde la que explorar la isla. Hay tiendas, bares y restaurantes. En verano es un lugar bastante animado, ya que Santa Maria atrae a una multitud considerable de visitantes gracias a sus playas.

■ IGLESIA MATRIZ DA NOSSA SENHORA DA ASSUNÇÃO

Fue construida entre los siglos XV y XVII y reconstruida en el siglo XIX. La iglesia, en la que predomina el azul, conserva elementos góticos y manuelinos. Se pueden admirar los azulejos y, en el baptisterio, las vidrieras (bastante raras en las Azores) que representan el bautismo de Jesús. Destacan también una representación en relieve del Infierno, una Virgen con el Niño de un pintor flamenco y una escultura particularmente conmovedora de la Virgen del Carmen.

■ FUERTE DE SÃO BRÁS

Construido durante la ocupación española en el siglo XVI para defender la ciudad, fue sometido a duras pruebas durante las diversas invasiones del enemigo número uno: los piratas. La capilla de Nossa Senhora da Conceição, que se encuentra en su interior, merece una visita. Es un sitio histórico y bien conservado que no se puede perder. En el interior encontrará una gran colección de vehículos bélicos y dentro del museo diversas colecciones de armas que explican la historia militar de las Azores. No se pierda el paseo por las murallas.

■ CENTRO DE INTERPRETAÇÃO AMBIENTAL DALBERTO POMBO

Rua Teófilo Braga, 10-14
℡ +351 296 206 798
info.sraac.cf-ciadp@azores.gov.pt
Este centro forma parte de la iniciativa del gobierno de las Azores de divulgar la información sobre el patrimonio natural del archipiélago. Casi todas las islas

© DE VISU – SHUTTERSTOCK.COM

Vila do Porto.

tienen su propio centro de interpretación ambiental que expone su historia geológica. Las características específicas de Santa Maria son los fósiles marinos descubiertos en ciertos yacimientos. Así, pues, podemos ver fósiles marinos, pero también colecciones de mariposas y artrópodos endémicos de la isla. No se lo puede perder.

■ **CASCO ANTIGUO**

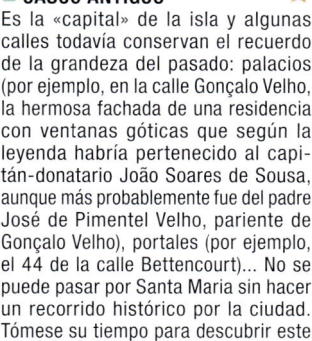

Es la «capital» de la isla y algunas calles todavía conservan el recuerdo de la grandeza del pasado: palacios (por ejemplo, en la calle Gonçalo Velho, la hermosa fachada de una residencia con ventanas góticas que según la leyenda habría pertenecido al capitán-donatario João Soares de Sousa, aunque más probablemente fue del padre José de Pimentel Velho, pariente de Gonçalo Velho), portales (por ejemplo, el 44 de la calle Bettencourt)... No se puede pasar por Santa Maria sin hacer un recorrido histórico por la ciudad. Tómese su tiempo para descubrir este remanso de paz.

VISITA A LA ISLA

SÃO PEDRO

Al igual que Santo António, formó parte del antiguo municipio de Nordestinho. Se trata de un pueblo pequeño y encantador con una iglesia que merece la pena visitar.

PICO ALTO

Con sus 590 metros de altitud, es el punto más alto de la isla, y en un día despejado ofrece unas vistas muy completas. Al subirlo, ingenieros, controladores aéreos y otros habitantes de tierra firme tomaron conciencia de su nueva condición de isleños. Una estela rinde homenaje a los doscientos italianos que murieron aquí en un accidente aéreo en 1989. Una ruta de senderismo (PR-2SMA) lleva a Anjos en cuatro horas de marcha.

ANJOS

El paisaje de Anjos ofrece un sorprendente contraste con el del São Pedro. Esta parte de la isla es más desértica: no hay ni un árbol donde una vaca pueda encontrar sombra. La iglesia (junto con la estatua...) es el edificio más antiguo de las Azores. Blanqueada con cal, Nossa Senhora dos Anjos alberga un altar decorado con un tríptico pintado procedente de la carabela de Cristóbal Colón... al menos según cuenta la leyenda. Su campanario del siglo XVI se alza bajo una soberbia araucaria. Este pueblo de pescadores se enorgullece de haber acogido en su día al descubridor de América (aunque a punto estuvo de recibirlo con un par de tiros de mosquete).
Dejando a un lado lo antiestético de sus dos piscinas, Anjos es un buen lugar para bañarse con seguridad. Hay vestuarios, duchas, zona de juegos para niños y un bar.

▸ **De regreso a Vila do Porto,** sale una carretera a la izquierda que puede llamar su atención. Una vez en ella, gire a la derecha en el primer cruce (en un pequeño pueblo). Unos kilómetros más adelante encontrará las dunas de arcilla roja de Barreiro da Faneca: un lugar sorprendente que forma parte del Parque Natural de Santa Maria. Los trabajos de restauración en curso están limpiando poco a poco el terreno de la vegetación que lo cubría antaño.

VISITA

NORTE SANTA BÁRBARA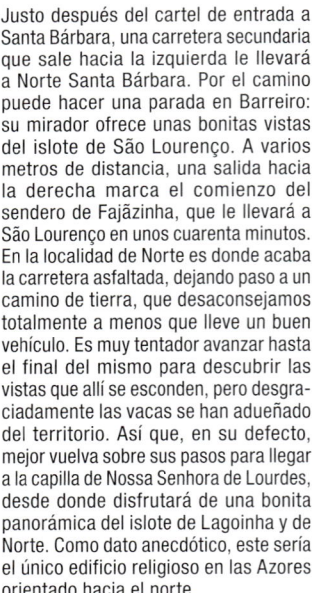

Justo después del cartel de entrada a Santa Bárbara, una carretera secundaria que sale hacia la izquierda le llevará a Norte Santa Bárbara. Por el camino puede hacer una parada en Barreiro: su mirador ofrece unas bonitas vistas del islote de São Lourenço. A varios metros de distancia, una salida hacia la derecha marca el comienzo del sendero de Fajãzinha, que le llevará a São Lourenço en unos cuarenta minutos. En la localidad de Norte es donde acaba la carretera asfaltada, dejando paso a un camino de tierra, que desaconsejamos totalmente a menos que lleve un buen vehículo. Es muy tentador avanzar hasta el final del mismo para descubrir las vistas que allí se esconden, pero desgraciadamente las vacas se han adueñado del territorio. Así que, en su defecto, mejor vuelva sobre sus pasos para llegar a la capilla de Nossa Senhora de Lourdes, desde donde disfrutará de una bonita panorámica del islote de Lagoinha y de Norte. Como dato anecdótico, este sería el único edificio religioso en las Azores orientado hacia el norte.

SANTO ESPÍRITO

Situada al este de la isla, la localidad de Santo Espírito cuenta con varios puntos de interés. Además de su cooperativa de artesanos y su museo, alberga la iglesia de Nossa Senhora da Purificação, construida en el siglo XVI, con una llamativa fachada barroca (que atestigua alteraciones del siglo XVIII) y esculturas de lava negra.

Santo Espírito es también el punto de partida de una atractiva excursión (ruta PR-4) que le llevará a Ponta do Castelo en unas tres horas.

SANTA BÁRBARA

Quizás el pueblo con más encanto de la isla, con su iglesia del siglo XVII y sus encantadores edificios diseminados por las colinas. Todo aquí destila tranquilidad. Los senderos son perfectos para caminantes y ciclistas de montaña: hay varias rutas totalmente señalizadas, incluido el bucle PRC-3 (unas dos horas y media). Para más información, visite la página oficial de senderismo en las Azores: https://trails.visitazores.com/es.

▪ POÇO DA PEDREIRA

Se trata de una antigua cantera. Durante años, aquí se extrajo piedra para construir la mayoría de los edificios de Santa María. Abandonada, la naturaleza ha recuperado sus derechos y ha creado uno de los *geositios* más sorprendentes de la isla. Un alto muro de piedra rojiza en cuyo fondo se ha formado un pequeño lago; un lugar relajante. Se ha acondicionado un mirador para disfrutar de la vista, con una mesa de pícnic. Para llegar, tome, a la derecha de la carretera al salir de Arrebentão hacia el este, la ruta de senderismo PRC-03.

SÃO LOURENÇO

La llegada a la bahía de São Lourenço es impresionante: una cala tallada en las coladas de lava donde se adentran las aguas del mar de color turquesa, Ponta Negra. No se trata de un antiguo cráter; la ausencia de depósitos volcánicos no permite acreditar tal tesis. El valor del hombre se mide por las extensas superficies de viñas plantadas en las laderas del cráter. Los muretes se han construido con lava. El pueblo se anima sobre todo en verano en torno a su hermosa playa y a su piscina. A la salida de São Lourenço, un

© JUAN VILATA – SHUTTERSTOCK.COM

São Lourenço.

mirador ofrece una excelente vista de la bahía, la playa y el islote. Si no hay viento, podrá soñar despierto durante horas.

■ ISLOTE DE SÃO LOURENÇO

En este islote frente a la costa de São Lourenço se encuentra una cueva llena de estalactitas y estalagmitas; el lugar ideal para los amantes de la espeleología. Un aura mística y misteriosa rodea el lugar. Se puede llegar en barco desde el pueblo. Puede preguntar a los lugareños si desea obtener información sobre la travesía. La playa que lleva el mismo nombre está situada en una bonita bahía. Es una zona de baño muy popular por el magnífico decorado que la envuelve: un anfiteatro junto al mar, colinas en las alturas, aguas de color azul turquesa...

■ MIRADOURO DA PONTA DO ILHÉU ★★★

En la carretera que conduce a Santo Espírito desde São Lourenço, gire hacia la izquierda en dirección al mirador de la Ponta do Ilhéu. Este ofrece una impresio-
nante vista panorámica del área natural protegida de la bahía de São Lourenço, desde Ponta dos Matos hasta Pontinha, pasando por la Ponta Negra y el islote de São Lourenço. Una mesa bien guarecida puede ser el pretexto perfecto para hacer un pícnic y así quedarse más tiempo disfrutando de semejante paisaje.

MAIA SANTA MARIA ★★

Situado en la punta este de la isla, Maia es un pueblo de veraneo en el que destacan las grandes casas blancas de los emigrantes. Podrá bañarse en piscinas naturales (vestuario y duchas) o subir al faro de Gonçalo Velho. Los conductores más prudentes detendrán el coche al comienzo del camino antes de adentrarse en él: es muy difícil dar la vuelta si se encuentra con otro coche enfrente. El faro, que admite visitas, data de 1927 y ofrece unas vistas de 360 grados sorprendentes: océano, antiguo puerto ballenero más abajo, viñas en la ladera de la colina y acantilados.

■ **PONTA DO CASTELO** ⭐⭐⭐

Antes de llegar a Maia.
Es uno de los paisajes *farísticos* —si se nos permite llamarlo así— de la isla de Santa Maria, habitual en muchas postales. Aunque hay varios miradores (además, notables) dispuestos a lo largo del tortuoso descenso hacia Maia, este es sin duda el lugar donde hay que detenerse. Se puede aparcar poco antes de llegar y continuar a pie por un sendero señalizado. Interesante: la pista está acondicionada con varios paneles informativos que muestran los diferentes períodos de la caza de ballenas y detallan el papel de cada uno de los edificios situados abajo.

ALMAGREIRA ⭐

Esta localidad es famosa por el *almagre*, una arcilla muy rica en plomo (de ahí su color, que tiende hacia el rojo) que antes se solía utilizar para pintar las casas con cal o para fabricar porcelana (arcilla vitrificada). Se pueden ver varios molinos de viento o de agua (*azenha*) en ruinas

y unas fosas llamadas *mata-mouras,* donde en el pasado se escondían los cereales u otros bienes de los corsarios. Luego los recubrían con una piedra marcada con una señal específica para reconocer al propietario. Estas construcciones también se encuentran en Pedras de São Pedro.

PRAIA FORMOSA ⭐⭐

Esta hermosa playa de arena clara es una de las más populares en verano, algo que no es de extrañar ya que es de las más bellas de las Azores. Se habla de que algún día algún emprendedor acabará por construir en la zona, ya que en cualquier otra parte del mundo este punto geográfico no dejaría indiferente a ningún empresario.
Mientras tanto, podrá echarle un vistazo a las ruinas del fuerte de São João Baptista, de los siglos XVI y XVII. Antes de bajar a la playa, las vistas desde el mirador de la Macela, donde se puede comer al aire libre, resultan interesantes.

© STUDIO F22 RICARDO ROCHA – SHUTTERSTOCK.COM

Playa de Almagreira.

TERCEIRA

De forma alargada, Terceira es una isla tranquila y bucólica. Al este, la meseta de la Serra do Cume desciende lentamente hacia el océano; el centro se caracteriza por sus numerosos cráteres llenos de lagos, mientras que en la parte occidental se erige la sierra de Santa Bárbara, un cono volcánico que constituye la cumbre de la isla (1023 metros)

Provista con el mayor cráter de las Azores, la *caldeira* de Guilherme Moniz (15 kilómetros de perímetro), Terceira posee un legado histórico fascinante y poco conocido, cuyos aspectos más importantes están asociados a la ciudad de Angra do Heroísmo, bajo protección de la Unesco. En la isla abundan las tradiciones sólidamente arraigadas en un temperamento insular complejo, y también las posibilidades de emprender excursiones entre paisajes lunares o verdes, a los que el omnipresente océano aporta una dulzura o una fuerza singular.

ANGRA DO HEROÍSMO

Clasificada como Patrimonio Histórico de la Humanidad en 1983 por la Unesco tras el terremoto de 1980, la localidad se distingue tanto por ser la primera ciudad europea establecida en medio del Atlántico como por su notable arquitectura.

Esta última se caracteriza por su riguroso plan, trazado en el siglo XVI y escrupulosamente respetado luego (con una orientación norte-sur para resguardarse de los vientos dominantes del oeste), así como por su armonía. Angra do Heroísmo es efectivamente el primer ejemplo de urbanismo europeo del siglo XVI. Destruida en un 80 % por un terremoto de 23 segundos (de 7,8 en la escala de Richter), solo tardaron diez años en reconstruirla. En la zona histórica, casi todas las construcciones datan de los siglos XVII y XVIII. El puerto está bien resguardado por dos fortalezas a lado y lado, los castillos de São Bautista y São Sebastião. Desde el club naval, situado al pie del primero, hasta los muelles comerciales, al pie del segundo, una avenida bordea la bahía casi circular en un largo paseo para enamorados de los puertos. Para los que deseen un recorrido un poco más largo, el monte Brasil es un promontorio natural que se erige ante el mar como un tercer fuerte de vegetación y domina el océano guardando la ciudad tras su telón de árboles.

En la isla más *cultural* también tenemos la ciudad más *cultivada*, con su Instituto Histórico, sus numerosas orquestas filarmónicas (*fanfares*) o sus numerosos grupos de teatro. A veces oirá que Angra es la tierra de la nobleza venida a menos y Ponta Delgada la de los mercaderes enriquecidos. Una cosa es segura, Terceira y São Miguel nunca han querido hacer causa común.

Mientras que la mayor de las islas estaba dividida en grandes propiedades territoriales, en Terceira cada campesino poseía su pedazo de tierra. Y como el sabor de la igualdad casi siempre prevaleció en la conciencia de sus habitantes, hasta 1832 había doce conventos: seis para los hombres y seis para las mujeres. Gaspar Frutuoso comparaba Angra, en su célebre *Saudades da terra,* con una «pequeña Lisboa», por la abundancia de cosas que uno podía encontrar a la venta. Sin embargo, la ciudad le parecerá ciertamente tranquila a cualquiera que conozca la capital lusitana.

■ CASTILLO DE SÃO FILIPE – SÃO JOÃO BAPTISTA DO MONTE BRASIL

São João Baptista do Monte Brasil
Monte Brasil
Construida entre los siglos XVI y XVII por Felipe II al pie del monte Brasil, es la mayor fortaleza española edificada en el extranjero. Su portal central, de piedra negra tallada, está coronado por las armas reales. Está protegida por fosos y murallas macizas de cinco kilómetros de largo y dispone de baluartes destinados al movimiento de tropas. En el castillo se guardaban los cargamentos de oro y plata de los galeones antes de ser enviados a Sevilla. Con sus cuatrocientos cañones dirigidos hacia la ciudad, una dotación de 1200 hombres, una cisterna y el apoyo del fuerte de São Sebastião, constituía una inexpugnable defensa. En 1640, sin embargo, no resistió al movimiento independentista de Portugal. Un largo asedio aniquiló la moral de las tropas (a menudo casados con portuguesas), y la fortaleza fue derrotada. La iglesia de São João Baptista fue construida por el rey don Juan IV poco después de la victoria sobre los españoles. Es, por tanto, uno de los pocos lugares del mundo donde

los dos imperios coloniales ibéricos dejaron su huella. La caminata para llegar hasta allí es magnífica y la vista sobre la ciudad es simplemente impresionante. Sin duda, si está en Angra do Heroísmo es una visita que no debe perderse bajo ninguna circunstancia (por el fuerte en sí mismo, pero también por la caminata que le conducirá hasta allí, así que tómese su tiempo y admire lo que le rodea mientras sube).

■ CONVENTO E IGLESIA DE SÃO GONÇALO

Rua Recreio dos Artistas
✆ +351 295 212 511
Uno de los conventos más antiguos de las Azores (1545). Construido por los franciscanos para las clarisas, dispone de dos claustros. En la entrada, se excavó un agujero en la pared para depositar los regalos para las hermanas o a los niños abandonados. El convento alberga escenas bíblicas donde el faraón y los soldados romanos se asemejan mucho a los hombres del siglo XVI. La iglesia, con su techo hispano-árabe, es de estilo barroco y está repleta de jacarandas esculpidas y azulejos.

■ IGLESIA DO SANTISSIMO SALVADOR DA SÉ

Rua da Sé
✆ +351 295 217 850
Construida entre los siglos XVI y XVII sobre la antigua iglesia parroquial de la ciudad, la catedral resultó dañada por el terremoto de 1980 que alteró en gran medida los campanarios y algunos muros, y aún más por el devastador incendio de 1984, que destruyó la madera dorada del techo y de los altares. Hoy en día, su riqueza da testimonio de la época dorada de la ciudad: la lámpara

TERCEIRA

ALTARES

RAMINHO

Cabouco

SERRETA

EN 1-1

DOZE RIBEIRAS

SANTA BARBARA

BISCOITOS

Canada da Caldeira

EN 3-1

Casa da Queimada de B.

EN 3-1

Mirador

Reserva forestal

Lagoa Negra

Caldeira de Santa Bárbara

Serra de Santa Bárbara 1021 m

Mirador

CINCO RIBEIRAS

Cruz dos Regatos

QUATRO RIBEIRAS

Mirador

Mirador

Reserva forestal

Lagoa do Cerro (Lagoa)

Furnas do Enxofre

Grota do Natal

Mirador

Posto Santo

Lagoa da Falca

S. BARTOLOMEU

TERRA CHÃ

Boa Hora

S. Francisco das Almas

S. MATEUS DA CALHETA

Cais da Silveira

Catedral de S. João Baptista

Porto Negrito

Ponta de S. Mateus

VILA NOVA

AGUALVA

Terreiro da Marcela

Fajãs

Algar do Carvão

Pico do Areiro 718 m

Caldeira de Guilherme Moniz

Serra do Morião

Nª Srª do Mato

EN 1-1

EN 3-1

Mirador

Lagoinha

Grota do Medo

Ermida da Lapinha

Cabouços

Espigão

S. BENTO

Castelinho

Ponta Ruiva

ANGRA DO HEROISMO

Mirador

Ponta de S. Diogo

Ponta de S. António

Baía de Angra

Mirador

FONTINHAS

PRAIA DA VITÓRIA

Serra do Cume

Lagoa do Ginjal

Santa Ana

Santa Ana

Canada do Junco

FONTE DO BASTARDO

545 m

Mirador

RIBEIRINHA

FETEIRA

Serra de Esperança

CABO DA PRAIA

PORTO MARTINS

Ponta de S. Fernando

S. SEBASTIÃO

PORTO JUDEU

Ponta da Cruz

Pico do Refugo

Ponta dos Cavalos

Ilhéu da Mina
Baía das Mós
Ponta dos Contendas

Ilhéus das Cabras

EN 1-1

Malícias

Cadeira

S. BRAS

LAJES

Cruz

Ponta da Serra das Lajes

AEROPUERTO

Ilhéu do Norte

Ponta dos Carneiros

Ponta da Má Merenda

Forte do Espírito Santo

Ponta do Espírito Santo

Ponta de S. Jorge

Ponta dos Biscoitos

Ponta dos Quatro Ribeiras

Ponta da Furna

Mirador

Mirador

Ponta dos Biscoitos

Mirador

Ponta do Raminho

Ponta do Queimado

Ponta Rubra

Ponta dos Cinco

Ponta de S. Diogo

N

3 km

y el altar de plata, las pinturas sobre madera de cedro del siglo XVI, las rejas de madera de jacaranda, el atril decorado con adornos de marfil o sus tesoros religiosos, como la casulla inglesa del siglo XV, merecen una visita.

De imponente tamaño, la catedral dio origen al taller conocido como los «maestros de Angra». En esta ocasión, artistas locales y escultores españoles trabajaron en algunas de las esculturas y la carpintería que decoraban la catedral. Los «maestros de Angra» dieron origen a una producción que combina influencias locales (orientales y flamencas) con el manierismo español. Estas obras se pueden ver en la catedral de Angra y en otras iglesias de la ciudad, pero también en otras islas, como Faial, Graciosa y São Jorge. Cabe destacar que gente de todo el mundo viene a disfrutar de la acústica del edificio y de su gigantesco órgano para grabar discos. Otro detalle inusual es que la catedral ha enriquecido recientemente sus paredes laterales con pinturas contemporáneas que ilustran escenas de la Pasión de Cristo.

■ FUERTE DE SÃO SEBASTIÃO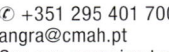

Rua do Castelinho

Dominando el histórico puerto Das Pipas, fue construido por orden del rey don Sebastián en el siglo XVI, probablemente en torno al 1570, para defender la ciudad. Es un buen ejemplo del nuevo concepto de protección costera que se implementó en la época. No parece muy imponente en comparación con la fortaleza de São João Baptista, de ahí su apodo de *castelinho*, «pequeño castillo», pero aún así vale la pena echarle un vistazo. Ahora ha sido reformado para convertirlo en hotel, y la vista desde las murallas merece una visita.

■ JARDIM DUQUE DA TERCEIRA

Rua Direita

☎ +351 295 401 700

angra@cmah.pt

Con sus esencias tropicales, el jardín público le encantará por sus hermosos parterres de azaleas y magnolias. Es posible subir al Alto da Memória, un obelisco erigido en honor al rey don Pedro IV, que vivió en Angra durante las luchas constitucionales. Aquí se erigió la primera fortaleza de las Azores, el castillo de São Luís. El color amarillo y la base cuadrangular reflejan la influencia de la masonería. Excelente vista sobre la ciudad y del monte Brasil, que no se puede perder si visita Angra. Salón de té en el jardín.

■ MUSEO DE ANGRA DO HEROÍSMO

Ladeira de S. Francisco

☎ +351 295 240 800

https://museu-angra.azores.gov.pt

museu.angra.info@azores.gov.pt

Ocupa los edificios del antiguo convento de São Francisco. Su rica colección, que se puede contemplar en los diversos espacios coloridos, cuenta la historia de la ciudad. Los temas son muy variados: fenómenos geológicos, observación de fauna y flora, exposición de objetos arqueológicos... A través de un recorrido cronológico, descubrirá la historia de esta tierra insular, desde su poblamiento hasta los grandes inventos de la era contemporánea.

■ MUSEO DE HISTORIA MILITAR MANUEL COELHO BAPTISTA DE LIMA

Rua da Boa Nova

☎ +351 295 218 383

museu.angra.agenda@azores.gov.pt

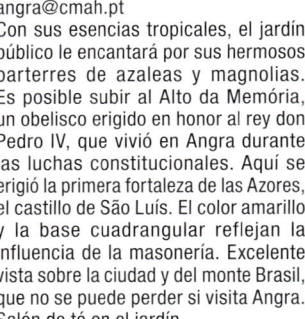

ANGRA DO HEROÍSMO

Instalado en el antiguo hospital militar de Boa Nova, el Museo Histórico Militar Manuel Coelho Baptista de Lima posee una notable colección de material militar que recorre la rica historia del archipiélago y de Portugal continental. Artillería ligera, armamento pesado, uniformes, condecoraciones… no faltan piezas gracias a las donaciones del coleccionista y mecenas Manuel Coelho Baptista de Lima, que también fue el primer director del museo de Angra do Heroísmo. Una visita divertida y muy interesante.

■ OBELISCO DE ALTO DA MEMÓRIA ⭐⭐

En la parte alta de Angra, este obelisco se construyó en 1856 con las piedras del antiguo castillo de Moinhos. Se erigió para conmemorar la visita que Dom Pedro IV, Príncipe Real de Portugal y Emperador de Brasil, realizó a la isla en 1832. Es una visita obligada, sobre todo por la magnífica vista de la ciudad y el océano que ofrece el promontorio sobre el que se alza el obelisco. Se puede llegar a pie desde la parte más baja y desde el jardín municipal. Tome nota.

■ PAÇOS DO CONCELHO ⭐

Praça Velha
✆ +351 295 401 700
En realidad se trata del Ayuntamiento. Cerca de la magnífica iglesia del colegio de los jesuitas, este majestuoso edificio del siglo XIX fue construido en el emplazamiento de los dos ayuntamientos anteriores, el último de los cuales data del siglo XVII. Las salas de estar (pinturas y muebles preciosos) están en consonancia con el edificio. Aquí podrá ver, religiosamente protegida,

la primera bandera azul y blanca del régimen constitucional, y un retrato de la reina doña Maria II. Si tiene la oportunidad de visitar el lugar, hágalo, no se arrepentirá.

■ PALACIO DE LOS CAPITANES GENERALES ⭐⭐

Rua do Palácio
✆ +351 295 402 300
visitascapitaesgenerais@azores.gov.pt
Construido en el siglo XVII, es el antiguo convento de los jesuitas —expulsados en 1759—, que se convirtió en la residencia de los capitanes generales de las Azores tras la creación de este cargo en 1766 por el marqués de Pombal. El patio alberga una fuente y un espectacular drago. La iglesia está ricamente decorada con madera dorada y azulejos. También alberga una colección de coches y carros decorados con lámparas de cristal y marfil. Muchos provienen de Francia, los nombres no engañan: Sedan, Landau… También se puede visitar la habitación donde durmió el rey don Pedro IV cuando llegó a la isla. En la actualidad, el edificio cumple tres funciones específicas: es una de las residencias oficiales del presidente del Gobierno Regional de las Azores, alberga la administración de la Vicepresidencia, y cuenta con un recorrido museístico abierto al público (que hemos mencionado). Ofrece a los turistas visitas guiadas en varios idiomas. Infórmese sobre los horarios en el lugar.

▶ Justo al lado, se puede visitar la iglesia do Colégio, también conocida como de Nossa Senhora do Carmo, que formaba parte del antiguo colegio de los jesuitas, cuyas seis capillas laterales están ricamente decoradas con pinturas religiosas, altares de madera dorada y paneles de azulejos de los siglos XVII y XVIII. Con un poco de suerte, obtendrá una visita guiada muy interesante (en inglés y gratuita) que le mostrará la decoración del edificio. No se la pierda.

SENDERISMO EN EL MONTE BRASIL

Si el tiempo lo permite, debe emprender la excursión al monte Brasil, un volcán que surgió después de la formación de la isla y cuyo cráter central está rodeado por cuatro montañas: Cruzinhas, Facho, Vigia da Baleia y Zimbreiro. Su forma peninsular delimita las bahías de Fanal y Angra. La vegetación que cubre las laderas es densa. Desde el parque de Relvão, el circuito señalizado PRC-4 TER (7,5 km – 2,5 h – fácil) le garantiza un agradable momento de ejercicio.

SERRA DO MORIÃO (SERRA DA NASCE ÁGUA)
Conceição

También conocida como Serra da Nasce Água, la Serra do Morião es un antiguo volcán situado a las afueras de Angra do Heroísmo, que se eleva a 632 metros de altitud. En la cima, su caldera Guilherme Moniz es el mayor depósito de agua de Terceira y uno de los mayores del archipiélago. Aunque el agua hace tiempo que fue cubierta por la lava, de este embalse aún brotan varios manantiales, entre ellos el Nasce Água, que abastece a gran parte de la capital de la isla.

COSTA SURESTE

RIBEIRINHA

Es un pueblo de agricultores. La calle principal, muy colorida, está dominada por balcones de hierro forjado. En la parte superior del pueblo, desde el mirador de la sierra de la Ribeirinha, se descubre una magnífica vista sobre los Ilhéus das Cabras. Estos islotes, hendidos en dos por una erupción volcánica en 1550, aseguraron la protección de dos submarinos durante la guerra. Ahora están poblados principalmente por aves y *cracas* (bellotas de mar). También en la parte alta, la Casa Etnográfica, si está abierta, puede ser un buen pretexto para una breve pausa cultural.

FETEIRA

Poco antes de la localidad de Feteira en dirección a Porto Judeu, le invitamos a que siga la indicación «Zona de banhos» a la derecha. Una pequeña carretera empinada (que acaba en el mirador) le lleva al Miradouro da Laginha, desde donde tendrá una de las vistas más refrescantes y sobrecogedoras de los Ilhéus das Cabras. Detrás suyo se imponen los acantilados de la costa sur.

PORTO JUDEU

Porto Judeu, un pueblo bucólico, posee tres capillas con tres puertas. Su *império* es muy colorido. Puede comer en diversos establecimientos, donde ofrecen una cocina bastante correcta.

SALGA

La bahía de Salga está acondicionada para bañarse, aunque su playa no tiene demasiado encanto. La localidad cuenta con un camping, donde también se podrá bañar.

SÃO SEBASTIÃO

La aldea actual se levanta en el lugar donde se estableció el primer asenta-

Império de São Sebastião.

miento en la isla de Terceira. Su iglesia y su *império* merecen una visita.

Situada en un paisaje bucólico atravesado por un pequeño río y salpicado de antiguos molinos, la ermita de Santa Ana está considerada como el primer edificio religioso de la isla.

■ MIRADOURO DA PONTA DAS CONTENDAS

Se trata de un magnífico mirador sobre el océano, que se extiende hasta la isla da Mina, uno de los lugares de buceo y esnórquel más conocidos de Terceira. Además de la magnífica vista, esta zona protegida alberga numerosas especies de aves marinas, entre ellas el charrán rosado, del que constituye la principal zona de nidificación de las Azores y la segunda de Europa. También se puede observar parte de la flora endémica de las Azores.

FONTE DO BASTARDO

Un breve desvío hacia el interior le llevará a Fonte do Bastardo, donde podrá admirar un colorido *império* que data de 1913 y las casas típicas de Ramo Grande, una región que se extiende entre aquí y Agualva, en el norte de la isla. Las casas tienen sus propias características: están construidas perpendiculares a los caminos para evitar miradas indiscretas, las ventanas de guillotina de dos o tres hojas están pintadas de colores vivos (verde, ocre o azul) y a menudo están flanqueadas por escaleras y parapetos.

PRAIA DA VITÓRIA ★★

Con cerca de diez mil habitantes, esta es una de las ciudades más modernas de las Azores, con un puerto deportivo animado, una playa acogedora y un ambiente tan tranquilo como agradable. Su sensibilidad medioambiental (calles peatonales y reciclaje de residuos) la convierten en un interesante lugar de paso. Como el aeropuerto de la isla está en Lajes, junto a Praia da Vitória (y no en Angra), Praia puede ser la primera escala para quienes llegan a Terceira en avión. Por último, no hay que perderse las gigantescas fiestas de Praia en agosto.

▶ **Historia.** Praia da Vitória, cuna del gran escritor Vitorino Nemésio, cuenta con un nuevo y vasto puerto (1400 metros de longitud) que ha reactivado la actividad de esta antigua ciudad, que fue sede de la capitanía de Terceira y, por tanto, su capital entre 1456 y 1474, antes de ser suplantada por Angra. Contribuyó a la prosperidad de la isla durante los siglos XVI y XVII, pero sufrió los efectos devastadores de un terremoto en 1614.

PRAIA DA VITÓRIA

100 m.

Marina

PLAYA

Artazores

Avenida Álvaro Martin Homem

Rua Padre Cruz

Conde de Vila Flôr

Rodrigues da Silva

Montouro

Rua do Hospital

Internet

Casa das-Tías

Iglesia do Sr. Santo Cristo

Centro médico

Taxi

Correos

Iglesia paroquial

Ayuntamiento

Maestre do Campo

P. F. Ornelas da Camará

A. Ornelas

Largo de João de Deus

Muralha

Alfândega

Rua Serra Pinto

A. Ramos

Rua de Jesus

Rua dos Remédios

Largo da Baleia

Rua do Evangelho

Rua do Cruzeiro

Rua Gervasio Lima

Rua do Jogo

Rua São Salvador

Rua da Graça

Rua da Lapa

Paço do Milhafre

Rua da Estrela

Rua Dr. Sousa Jr.

Rua Frei Diogo das Chagas

Rua do Rossio

Rua M. Alvares

Rua Comendador Francisco José

hacia Nossa Senhora da Saúde

hacia aeropuerto, Biscoitos, Caldeira
G. Moniz y Algar do Carvão

Rua da C. Artesia

da Circunvalação

Estrada

hacia Algar do Carvão
y Serra do Cume

hacia Porto Martins, Salga,
Salgueiros y Angra do Heroísmo

A- Correos y telecomunicaciones
B- Mercado municipal
C- Jardin público
D- Policía local
E- Casa de V. Nemésio
F- Policía nacional
G- Cooperativa artesanal
I- Club naval
J- Aparcamiento

Más de dos siglos después, las luchas entre liberales y absolutistas devolverían a Vila da Praia al primer plano de la historia. En 1829, tras ponerse del lado de los liberales, la ciudad resistió heroicamente el intento de desembarco de una escuadra miguelista de veintidós navíos. Tras derrotar a la flota, Praia, decididamente tan astuta como combativa, recibió de la reina el título de Praia da Vitória, «Playa de la Victoria». Poco después, en 1841, la ciudad fue parcialmente destruida por otro terremoto. Se cuenta que cuando el alcalde, Sylvestre Ribeiro, llegó a las ruinas de Praia y no vio a nadie, pensó que había pasado lo peor. Sin embargo, no era así: los habitantes, informados de la inminencia del seísmo, habían huido todos lejos de la ciudad.

El centro histórico de Praia da Vitória es un laberinto de calles y callejuelas flanqueadas por casas antiguas cuyas ventanas de doble hoja suelen estar protegidas por rejas (para que los niños puedan mirar sin peligro) o celosías (para que los adultos puedan mirar sin ser vistos). Los balcones son a veces de cedro o de acacia (rua do Jésus). En la segunda mitad del siglo XX, Praia experimentó un importante crecimiento económico debido en gran parte a la construcción de un puerto comercial y del aeropuerto de Lajes. Este desarrollo le permitió adquirir el título de *cidade* (ciudad) en 1981.

■ MIRADOURO DO LA SERRA DO FACHO

Camino do Facho

Este mirador ofrece una hermosa vista sobre la playa y la bahía de Praia da Vitória, así como de la Serra do Cume. Su nombre (*facho*, «viga») se debe a que, hace mucho tiempo, aquí se encendía todas las noches una hoguera que servía de faro para las embarcaciones. En el mirador también hay un monumento al *Inmaculado Corazón de María*. Se puede llegar en unos diez minutos a pie por una escalera o en coche.

■ CASA DE VITORINO NEMÉSIO ⭐

Rua de São Paulo, 7 – Santa Cruz

✆ +351 295 545 607

El escritor terceirense Vitorino Nemésio nació en 1901 y vivió parte de su vida

Playa de Praia da Vitória.

en esta casa de la calle São Paulo, que conserva la fachada y la planta originales. Convertida en museo, la casa rinde homenaje al escritor azoriano exponiendo objetos que le pertenecieron. Una visita interesante.

■ IGLESIA DO SENHOR SANTO CRISTO O DA MISERICÓRDIA ⭐

Largo José São Ribeiro, 11
Parcialmente destruida por el fuego en 1921, la iglesia, fundada en 1521, presenta curiosamente dos coros, que simbolizan la discordia insoluble entre dos órdenes, la del Santo Cristo y la de la Misericórdia. Para no enfadar a nadie, se construyó todo por duplicado; razón por la que la iglesia tiene dos nombres. Los interesados por el tema pueden leer la historia, contada en portugués, en su portal. También podrá contemplar una hermosa estatua flamenca del Padre Eterno.

■ IGLESIA PARROQUIAL DE SANTA CRUZ ⭐⭐

Ladeira de São Francisco, 1761
☎ +351 295 542 100
Construida en 1456 por Jácome de Bruges, el primer capitán donatario de la isla, no fue acabada hasta 1517. No obstante, fueron las transformaciones realizadas a principios del siglo XIX las que le han dado su aspecto actual. El portal, con un arco con cinco dovelas, fue donado por el rey Manuel I. El interior, que combina varios estilos, alberga en la sacristía una hermosa estatua de alabastro del Niño Jesús en una caja de plata proveniente del antiguo convento de Jesús.

■ FUERTE DE SANTA CATARINA ⭐

Cabo da Praia
Al sur de la playa y cerca del cabo de Praia, una pequeña fortaleza es el único vestigio que queda de las nueve fortificaciones que defendieron a la ciudad de los saqueadores desde el siglo XVI. Ponta do Cabo ofrece una excelente vista de la costa y de la ciudad desde el mirador de Riviera. Haga este pequeño desvío; prometemos que no se arrepentirá. El fuerte está muy bien conservado y permite apreciar la arquitectura militar del archipiélago. Difícil equivocarse: es inconfundible con sus muros amarillos.

■ PAÇOS DO CONCELHO (AYUNTAMIENTO) ⭐

Praça Francisco Ornelas da Câmara
Santa Cruz
☎ +351 295 540 200
www.cmpv.pt
geral@cmpv.pt
El edificio actual data del siglo XVII, tras la destrucción del anterior por el terremoto de 1614. Su arquitectura es muy interesante, con su doble escalinata central adosada a la fachada: los viajeros que conocen la Portugal continental reconocerán un estilo ampliamente utilizado en las casas señoriales del norte del país en esa misma época. El conjunto, flanqueado por un campanario, no pasa desapercibido. Se encuentra en el centro del distrito comercial.

■ PRAIA GRANDE

Praia Grande no solo es la mayor playa de la ciudad, sino también de la isla de Terceira. Vigilada por un puñado de socorristas y equipada con sombrillas para los días soleados de verano, es muy popular en cuanto sale el sol. Un poco más mar adentro, los windsurfistas y kitesurfistas se divierten en cuanto las condiciones lo permiten. Y a menudo lo consiguen.

COSTA NORTE Y NOROESTE

LAJES

Sede de la base aérea que, durante la Segunda Guerra Mundial, desempeñó un papel fundamental en la lucha antisubmarina, Lajes forma parte del sistema defensivo de la OTAN. Evidentemente, está prohibido el acceso al territorio de la base. En Lajes se encuentra el aeropuerto de la isla. El lugar tiene poco interés y es mejor que vaya directamente a Angra o a Praia da Vitória en cuanto llegue.

VILA NOVA

La campiña es exuberante y verde, y esta pintoresca aldea cuenta con una curiosa colección de molinos de agua situados a lo largo del curso del río Agualva, que culmina en una piscina natural excavada en la roca. El *império* del pueblo es original: está flanqueado por arcos dobles de estilo gótico y dos balcones de hierro fundido.

QUATRO RIBEIRAS

Como la mayoría de los *miradouros* que encontrará en el trayecto entre Lajes y Biscoitos, el de la aldea de Quatro Ribeiras merece una parada. Después de apreciar el colorido *império* de la localidad, gire a la derecha en dirección a la zona costera: le espera un paisaje casi lunar. Las rocas desdentadas de la bahía se han convertido en una agradable zona de baño.

BISCOITOS

Una inmensa piscina natural se extiende entre capas de lava procedentes de antiguas erupciones volcánicas (entre ellas la del Pico do Gaspar en 1761), con formas extraordinarias que sugieren paisajes lunares. Se la conoce como la «bahía de las Palomas». Es la parte más seca de la isla.

En esta tierra desolada crecen curiosas vides conocidas como *curraletas*, protegidas por bajos muros de piedra que crean un microclima dentro de otro microclima. Producen un vino de nada menos que 14°, que luego se utiliza como aperitivo dulce a 17° o como digestivo perfumado a 19°, el licor de Angélica. Cerca del puerto, las piscinas naturales son muy agradables para bañarse mientras se escuchan las olas chocar contra las rocas negras.

■ MUSEU DO VINHO DOS BISCOITOS
Canada do Caldeiro, 3
℡ +351 965 667 324
En el pueblo, este interesante museo presenta la historia centenaria de la producción del *verdelho* y expone diversas antigüedades relacionadas con el trabajo de la vid: cuerdas de nervio de ballena y pelo de cola de vaca, prensas y azulejos de Marsella… También explica las diferentes fases de la producción del vino mientras se pasea por la viña. La visita finaliza con una cata. Una bella e instructiva escapada al mundo del vino.

ALTARES

En el corazón de esta pintoresca aldea defendida por una pequeña colina donde se encuentra un antiguo puesto de vigía para avistar ballenas, tendrá la ocasión de disfrutar de un excelente restaurante.

SERRETA

Si le apetece caminar, no dude en seguir las señales de un sendero turístico que

VISITA

Serreta.

verá a la izquierda al entrar en la ciudad por el norte, en Canada do Fonte. Se trata de una caminata de unas dos horas y media, señalizada como PRC-3 TER, que le llevará a los Picos Queimados (687 metros sobre el nivel del mar) y luego al Pico da Lagoinha (786 m), desde donde las vistas son magníficas, antes de continuar hasta el Pico do Negrão (540 m), otro fabuloso mirador natural. São Jorge extiende su esbelta silueta en la distancia. Quizá sea la excursión con más encanto de la isla. Más detalles en el sitio web oficial de senderismo de las Azores: https://trails.visitazores.com. El pueblo de Serreta también acoge una de las *touradas* más populares de Terceira, normalmente a mediados de septiembre.

REGIÓN CENTRAL

SERRA DE SANTA BÁRBARA ⭐⭐⭐

◼ MIRADOURO DE LA SERRA DE SANTA BÁRBARA ⭐⭐

Bien señalizada, una carretera asfaltada recorre todo el camino de la izquierda hacia la cima de la isla, a 1021 m de altitud, desde donde se obtienen unas vistas fantásticas no solo de las verdes y exuberantes laderas de la sierra, sino también de gran parte del interior de la isla e incluso de otras islas del grupo central, ya que las siluetas de Pico y São Jorge tientan a la vista en el fondo. Sin embargo, el panorama solo merece la pena cuando hace buen tiempo, y por desgracia la zona suele estar envuelta en una caprichosa niebla, que no es fácil de controlar. Pero si está entre los afortunados que pueden hacer el viaje un día de sol, prepare bien la cámara.

■ **LAGOA DAS PATAS**

En la carretera del interior que une Doze Ribeiras y la sierra de Santa Bárbara.
En el corazón de una reserva forestal densamente arbolada se encuentra la hermosa Lagoa de Falca, alimentada por un arroyo que desciende de la sierra de Santa Bárbara, a menudo entre la niebla y el silencio. Un hermoso tramo de agua que en realidad se llama Lagoa das Patas por la colonia de patos que grazna allí, entre los nenúfares. A veces también se pueden ver gansos, estorninos, mirlos o gorriones. Se trata de un lugar ideal para hacer un pícnic, en el que incluso hay algunas mesas protegidas bajo un quiosco y barbacoas gratuitas (no olvide guardar unos trozos de pan para sus nuevos amigos con plumas) que hacen las delicias de las familias azorianas cada fin de semana.

ALGAR DO CARVÃO

En el centro de Terceira hay unas cuarenta cuevas, algunas de las cuales tienen unos cien metros de profundidad y más de cuatro kilómetros de longitud. La mayoría están cerradas al público por motivos de seguridad, a excepción de Do Natal y Algar do Carvão. No se las pierda, siempre que se encuentre en la isla durante los periodos en que están abiertas al público.

■ **GRUTA DO ALGAR DO CARVÃO** ⭐⭐

Angra do Heroísmo
Porto Judeu
☎ +351 295 212 992
montanheiros.com/algarcarvao
algardocarvao@montanheiros.com
Algar do Carvão es una cavidad volcánica impresionante, de ochenta metros de

São Mateus da Caleta.

altura. La asociación de guías de excursionismo Os Montanheiros, con sede en Angra do Heroísmo, se ocupa de la conservación de este lugar en colaboración con la Dirección Regional del Medio Ambiente de las Azores. Un miembro de la asociación le explicará primero la formación de este monumento natural, y luego podrá descender por la cueva hasta un pequeño lago. Atención: todo lo que se baja hay que subirlo, y normalmente suele ser más duro.

COSTA MERIDIONAL

SÃO MATEUS DA CALHETA

Un tranquilo pueblo pesquero. Intente visitarlo a última hora de la tarde, cuando los barcos regresan cargados de vistoso pescado para vender en el muelle. El ambiente es agradable. ¡Muy buen restaurante de pescado!

NEGRITO

Aquí se localizan los restos de dos de las torres erigidas alrededor de la isla en el siglo XVI para bloquear el paso a los españoles. Una de ellas, Fort do Negrito, albergaba una estación ballenera. Se puede nadar sin miedo cerca del puerto; hay incluso vestuarios y duchas. El albergue juvenil de Terceira se halla aquí, por lo que el baño suele estar muy animado.

CINCO RIBEIRAS

Las casas blancas de Cinco Ribeiras son típicas de los emigrantes del Algarve. El pueblo cuenta con dos lugares de interés: un ecomuseo y una fábrica de queso.

■ FÁBRICA DE QUEIJO VAQUINHA ⭐
Canada do Pilar, 5
☎ +351 295 907 138
queijovaquinha.pt
geral@queijovaquinha.pt
Una visita interesante con la que descubrirá todo el proceso de elaboración del queso de Terceira. Se trata de una empresa familiar: el proceso de elaboración artesanal del queso comienza con João Cota, responsable de la pasteurización de la leche, y termina con su esposa y su cuñada, quienes elaboran el queso Vaquinha diariamente. Aproveche esta oportunidad para hacer una compra útil para sus caminatas y pícnics.

DOZE RIBEIRAS Y SANTA BÁRBARA

Además de la belleza de la carretera, en un entorno bucólico de ensueño, destacan las curiosas chimeneas cilíndricas de las casas, adornadas con conos pintados que proceden de la tradición del Alentejo portugués.

VISITA

GRACIOSA

Poco montañosa, de forma ovalada, plana y baja por el norte, la isla se eleva lentamente y alcanza solo 402 metros en el borde sureste de Caldeira (y no en Pico Timão, como indican algunos folletos turísticos, que se alza a 398 m sobre el nivel del mar), por lo que el viento corre libre de obstáculos, causando a veces graves daños a los cultivos.

En el interior, las vides parecen dividir el paisaje en infinitos rectángulos a lo largo del litoral. Los fondos marinos transparentes y las cuevas de formas extrañas atraen a los aficionados de la fauna submarina. El pescado (mújoles, bonitos, escorpinas, morenas, pagros, congrios, doradas, percas, rodaballos y peces espada, sin olvidar los pulpos y las langostas), especialmente abundante, hace las delicias de la cocina de Graciosa, regada con su famoso vino blanco, ligero, seco y afrutado.

SANTA CRUZ DE GRACIOSA

Santa Cruz, en la costa noreste de la isla, es la pequeña capital de Graciosa. Aquí se encuentra el aeropuerto y se concentran la mayoría de los comercios de la isla. Puede quedarse aquí para explorar el resto de Graciosa: es posible llegar al extremo sureste, a Carapacho, en tan solo veinte minutos en coche. El pueblo en sí es encantador, con magníficas piscinas naturales a las afueras.

■ IGLESIA DE SANTA CRUZ
Rua Matriz, 8
☎ +351 295 712 120
Construida en el siglo XVI y ampliada en el XVIII, la iglesia parroquial de la isla tiene un exterior austero, en el que destaca el color basalto oscuro, que contrasta con el suntuoso interior donde observaremos un altar mayor y altares laterales en madera tallada y dorada, así como muchos azulejos. También tiene un retablo pintado en madera que representa el Vía Crucis. Esta obra maestra de la pintura primitiva del siglo XVI se atribuye a Cristóvão de Figueiredo. Si está de paso en Santa Cruz de Graciosa, abra la puerta para echar un vistazo.

■ MUSEO DE GRACIOSA
Rua das Flores, 17
☎ +351 295 243 030
museu-graciosa.azores.gov.pt
museu.graciosa.info@azores.gov.pt
El museo era originalmente una muestra etnográfica alojada en una casa típica de Graciosa que antaño sirvió de granero, molino y *adega*. En 2009 se amplió con un edificio contemporáneo que abarca otros aspectos de la historia de la isla, como su geología, arquitectura y la importancia de la conservación del agua dulce. Los objetos expuestos, como un impresionante carro de heno, y las numerosas salas temáticas permiten entender mejor la isla y la vida de sus habitantes. Programan exposiciones temporales.

■ RESERVATORIO DE AGUA DO ATALHO
Rua Engenheiro Manuel Rodrigues Miranda
☎ +351 295 730 040
El agua escaseaba en Graciosa, lo que obligó a sus habitantes a construir estructuras para conservarla. Son únicas en el archipiélago, como este gran depósito de agua que abastecía al pueblo de Santa Cruz. Suba por la Rua Miranda, en lo que parece un gran jardín delimitado por un muro blanco, encontrará la puerta de acceso y la estrecha escalera que conduce al embalse, donde antaño el agua llegaba hasta el techo. El lugar no es grande, pero merece la pena visitarlo.

VISITA A LA ISLA

PONTA DA BARCA

Desde Santa Cruz, se llega a Ponta da Barca por una carretera llana que discurre frente al mar y que serpentea

GRACIOSA

Ponta Barca

EN-1 Achada Cruz do Bairro · Dores

1,5 km

Ponta da Pesqueira

SANTA CRUZ DA GRACIOSA

Terra do Conde

Canada do Sumbouro

122 m

Santo Amaro Covas

EN-4

Vitória

Canada do Bries

Porto Afonso

Baía da Caldeirinha

Camiño da Ingesta

Fontes

213 m

Brasileira

GUADALUPE ▲ 375 m

Serra das Fontes

Baía da Lagoa

Jorge Gomes

Canico do Pontal

Almas

Lagoa

Ilhéu da Praia

Cruz do Barro Branco Freiteira

PRAIA

Caminho de Manuel Gaspar

371 m

EN-2 Fonte do Mato

Fenais

Esperança Velha

EN-3

398 m

Serra Dormida

Canada Longa

EN-1

Limeira

Ponta Branca

LUZ

Caldeira
285 m

Ribeira

EN-1

Baía da Engrade

Furna do Enxofre

Baía da Folga

Alta do Sul

402 m

Baía da Poça

Ponta do Enxudreiro

Carapacho

Ponta da Restinga

Ilhéu de Baixo

△ Ciudades y pueblos
▲ Picos principales
Miradores
Cuevas
Carreteras principales
Carreteras secundarias
Acantilado

entre paisajes modelados por la lava. Al igual que en Pico, aquí encontrará los viñedos bordeados de muros bajos y escuadrados: hasta la desgraciada epidemia de oídio y filoxera del siglo XIX, la viticultura era el principal recurso económico de Graciosa, muy por delante de la ganadería lechera y bovina.

Al final de la Ponta da Barca, 500 metros al norte de la Ponta Negra, donde se pretendía construir originalmente, se alza el Farol da Ponta da Barca. Aunque el edificio en sí merece una visita, sus alrededores son igualmente atractivos. Dominando una pequeña bahía de rocas rojas y aguas transparentes, el lugar ofrece unas vistas inmejorables de «la ballena», una sorprendente formación de basalto que, dependiendo de la imaginación de cada uno, puede parecerse a un cetáceo.

PORTO AFONSO

Un poco más al sur, el pequeño puerto pesquero de Porto Afonso sorprende por sus paisajes lunares; ¡se diría que están sacados directamente de *La guerra de las galaxias* y su planeta Tatooine! Los acantilados volcánicos se desmoronan poco a poco con la erosión del mar, regalando a los visitantes una impresionante gama de rojos. Algunas cabañas de pescadores han sido excavadas aquí y allá, en las rocas más frágiles, sin duda para protegerse del viento y del aerosol marino; una verdadera invitación a la evasión...

CALDEIRA   ★★★

Caldeira, el punto más alto de la isla, presenta una imagen muy diferente a lo que habrá visto anteriormente en Graciosa. Las suaves colinas dan paso de repente a un auténtico cráter, los pastos a un denso bosque de abetos (recién plantados en la década de 1960 siguiendo un plan de arbolado gubernamental), y pronto estará descendiendo hacia la mayor cúpula volcánica de Europa.

Además de la Furna do Enxofre, de visita obligada, Caldeira es también el punto de partida de una caminata espectacular que ofrece magníficas vistas panorámicas de Terceira, São Jorge, Pico y Faial cuando hace buen tiempo... ¡en resumen, de todo el grupo central de islas! Para conocer el itinerario exacto de esta ruta, señalizada como PRC-2 GRA (10 km – 3 horas – fácil), póngase en contacto con la oficina de turismo de Santa Cruz o visite el sitio oficial de senderismo de las Azores: https://trails.visitazores.com/, que se actualiza diariamente.

■ FURNA DO ENXOFRE   ★★
☎ +351 295 714 009

En 1879, el famoso y principesco oceanógrafo Alberto de Mónaco, que realizó varias expediciones en las Azores, fue uno de los primeros en bajar a esta gruta mágica con una larga escalera de cuerdas, método que perduraría hasta la construcción de la actual escalera de piedra de 1953. Es mejor visitar el lugar al mediodía, cuando la luz del sol ha llegado a su cénit y se desliza por la cueva iluminando sus paredes. Fenómeno volcánico clásico causado por la retirada de la lava tras la erupción, la Furna do Enxofre está ubicada sobre el cráter de un antiguo volcán en cuyo fondo se abre un túnel de cien metros de profundidad que da lugar a una enorme cueva. Su bóveda se alza 51 m sobre un lago subterráneo de agua fría y sulfurosa de cerca de 200 m de diámetro y de 180 de profundidad. El carácter excepcional del lugar proviene del hecho de que la lava, después de haber invadido toda la caldera, se desbordó por el punto más bajo del reborde (al noroeste) e invadió el valle de Luz en Praia, y después se retiró (por subsidencia de la columna magmática o por hundimiento debido al drenaje de la lava a través de una fractura submarina), dejando solo una fina película de lava en los bordes de la caldera, como se puede ver desde

© KAROL KOZLOWSKI – SHUTTERSTOCK.COM

Baños termales de Carapacho.

el Morro da Urze, por ejemplo, y una sorprendente cavidad: nuestra famosa Furna do Enxofre. Al principio o al final de la visita, tómese su tiempo para descubrir el pequeño museo y la sala de exposiciones de la cueva que, sin duda, responderán a todas sus preguntas.

CARAPACHO

Carapacho, un pequeño pueblo situado en el extremo sureste de Graciosa, presume desde 1860 de sus famosos baños termales en primera línea de playa. Su fantástica piscina natural, situada entre rocas de basalto, es muy popular en verano.

SÃO MATEUS (PRAIA) ⭐

Situada a medio camino entre Carapacho y Santa Cruz, São Mateus es más conocido como Praia («playa»), y ello por una buena razón: es el único lugar de la isla donde encontrará una verdadera playa de arena, ¡aunque es artificial!

Sin embargo, la localidad, muy frecuentada en verano, satisfará a los bañistas que busquen un lugar mullido donde extender la toalla. Cerca hay vestuarios, duchas y un bar-restaurante, así como dos alojamientos de turismo rural muy recomendables.

FAIAL

Esta isla, cuya forma se asemeja a un pentágono irregular, está dominada por un cono volcánico: una caldera que desciende suavemente y presenta cráteres secundarios hasta el mar. Su punto más alto, Cabeço Gordo, alcanza los 1043 metros.

Apodada «la isla Azul» por las hortensias que florecen allí durante todo el verano (como en todas partes en las Azores, se podría decir), Faial es conocida por los navegantes de todo el mundo.

La escala de las Azores se realiza aquí, en el puerto de Horta, que ha acogido a todos los viajeros de larga distancia que han atravesado el océano. Navegantes solitarios reñidos con la tierra, patrones de regatas oceánicas, tripulaciones de veraneantes deportistas, tripulantes exhaustos que bendicen la tierra por fin encontrada, batidores de récords y hacedores de sueños: todos los que han cruzado el Atlántico a vela han conocido la legendaria escala de Faial. El puerto de Horta es testigo diario

de estas hazañas, grandes y pequeñas, y aquí se hablan todos los idiomas con las cejas blanqueadas por la misma sal. En los pantalanes, pequeños cascos frágiles y barcos sofisticados se codean sin celos aparentes.

En Faial, los marineros dejan su huella en forma de pintura en el puerto de Horta. A veces es simplemente el nombre de un barco con una fecha, a veces es un auténtico fresco que el viento y el rocío del mar se encargarán de borrar sin que los recién llegados se sientan nunca disuadidos de coger pinceles y colores para pintar su propio grafiti junto a otro un poco descolorido por el paso del tiempo. Después, puede decidirse a sentarse en la terraza de un café, para contemplar las barcas de los que han llevado sus sueños hasta el final del afinado ballet.

En resumen: Horta, la ciudad más seductora de las Azores, debería ser una prioridad en cualquier viaje al archipiélago.

Baia da Areia
da Quinta

Baia da Ribeira
das Cabras

2 km

Costa
da Nau

ZONA DO
MISTERIO

Fajã

Norte
Pequeno

Praia
do Norte

Ponta dos
Capelinhos

RESERVA FORESTAL
VULCÃO DOS CAPELINHOS

RESERVA FORESTAL
CABEÇO DO FOGO

Cabeço de Fogo

488 m
Cabeço da Fonte

571 m

ZONA PROTEGIDA
CALDEIRA E CAPELINHO

565 m

Faro

Capelo

Arieiro

Cabeço
Verde

Termas

Ribeira
do Cabo

Ponta do
Varadouro

Fonte
Nova

LOM

Ribeira
Santa Cat

Caste
Blan

Morro de
Castelo Branco

Ciudades y pueblos
Localidades
Piscina natural
Mirador
Playa
Faro
Termas
Varios
Aeropuerto
Puerto pesquero
Reserva y reserva forestal
Carretera regional
Carretera municipal
Camino municipal
Ruta forestal
Camino peatonal

FAIAL

Ponta dos Cedros

Cascalho

Cedros

Miragala

Porto da Eira

Porto da Eira

Canto

Ponta do Salão

Camping

Porto de Salão

Salão

Caselhano

Espalhafatos

Tamboroso 506 m

1-1a

CALDEIRA

RESERVA NATURAL DA CALDEIRA DO FAIAL

Ribeirinha

Ponta da Ribeirinha

Lornba Grande

Chã da Cruz

Porto da Redonda

Cerrado do Gato

Cabeço Gordo △ 1043 m

Lombinha

Miragaia

Pedro Miguel

Chão Frio

1-1a

Ponta J. Dias

Atafoneiro

Praia do Almoxarife

Porto da Praia

Cabouco

Flamengos

Farrobo

Camping

Jardín botánico

2-2a

Conceição

Monte Carneiro

Lomba

HORTA

Portela

Molino de viento

Ponta da Espalamaca

Courelas

Santa Barbara

Pasteleiro

Angustias

Caminho do Meio

Lajinha

Feteira

Pedregulho

PaisajeProtegido del Monte da Guia

Ribeira Grande

1-1a

Porto da Feteira

Porto Pim

Nossa Senhora da Guia

Monte da Guia

Aeropuerto

Puerto squero

Caldeira do Inferno

HORTA

Horta, «la gran ciudad más pequeña del mundo», es un lugar de visita casi obligada. Capital de Faial (6000 habitantes), debe su fama no solo a su puerto sino también al cable submarino que la unió a Lisboa ya en 1893, convirtiéndola en un centro mundial de telecomunicaciones cuya reputación solo se ha visto ensombrecida por la era de los satélites. Construida sobre terrazas y rodeada de una corona de villas y grandes jardines, Horta debe su nombre a José Von Huerter, y no a las magníficas hortensias que adornan sus carreteras en mayo y junio.

Ha visto pasar por su puerto a los más grandes navegantes del mundo, desde Tabarly y Lamazou hasta Malinovski, Cousteau y el gran aviador Lindbergh. También fue el lugar elegido por el príncipe Alberto de Mónaco (el primero con este nombre, que se interesaba más por las conchas marinas que por las modelos famosas, o más bien era más discreto) para muchas de sus observaciones. El observatorio meteorológico de este prestigioso huésped puede visitarse en Horta. Hoy en día, la ciudad es famosa entre los navegantes de todo el mundo. Conviene visitarla durante la primera semana de agosto, cuando se celebra la fiesta del puerto: es uno de los acontecimientos más animados de las Azores.

El centro histórico, con sus casas del siglo XIX y su quiosco de música, es muy agradable. En otros tiempos, Horta era una ciudad muy de moda, donde se reunía la gente adinerada del continente y las grandes fortunas del mundo, donde se representaban ballets y obras de teatro... De este glorioso pasado quedan sublimes casas burguesas, palacetes, un teatro con balcón y bellos quioscos de música.

■ AQUÁRIO DO PORTO PIM
Monte da Guia
✆ +351 964 971 484
pnfaial.aquarioportopim@azores.gov.pt

Inaugurado en junio de 2013 en el recinto de un antiguo almacén de secado rehabilitado, este acuario es más una estación de investigación y una plataforma de transferencia que una simple atracción turística. Además de su misión de protección, contribuye a la promoción de las especies de las Azores entre el público en general. Para ello, los peces capturados en las aguas del archipiélago pasan por aquí antes de ser enviados a acuarios de todo el mundo. Así que no espere piscinas repletas de bonitos peces: verá la otra cara de la moneda.

■ CASA DOS DABNEY
Monte da Guia
✆ +351 292 240 685
info.sraac.cd@azores.gov.pt

La casa de Dabney, recuperada por el gobierno regional de las Azores, muestra la historia de esta familia que vivió en Faial y que dejó un patrimonio cultural, histórico y científico que aún es visible y reconocido en la isla. La familia Dabney se instaló en Faial en 1806, cuando John Bass Dabney fue nombrado cónsul general de Estados Unidos en las Azores. Rehabilitada como sala de exposiciones, la visita de la casa del monte da Guia es interesante. La ruta Dabney le conducirá sobre las huellas de las sublimes casas construidas por esta extraordinaria familia.

HORTA

A- Ayuntamiento
B- Oficina de correos
C- Policía
D- Jardín
E- Marina
F- Observatorio del Príncipe Alberto
G- Centro médico
H- Parque Vitorino Nemésio
I- Biblioteca

hacia Pontería,
Caldeira y
Jardín botánico

hacia Espalamaca,
Praia do Almoxarife

hacia Espalamaca
Praia do Almoxarife

Rua da Vista Alegre

Rua Minstro Avila

Rua da Almoxarife

Rua da Conceição

Calçada de Sto Antonio

São Paulo

Torre
del Reloj

Império
de los Nobles

Rua do Paiol

Rue Manuel A. Dias

Rua Serpa Pinto

Rua Rebelo

Iglesia
del Carmen

Iglesia
parroquial

Rua Miguel Da Silveira

Museo de
Horta

Canada dos Duras

Rua M. T. de Sousa

Rua Médico Avilar

Avenida Diego de Teive

Iglesia de
San Francisco

Rua Marcelino Lima

Rua Ilha do Pico

Museo de
Arte Sacro

Rua do Moinho

Rua Consul Dabney

Rua C. Medeiros

Artazores

hacia Cabuerta

hacia
Flamencos

Hospital

Oficina de
Turismo

Fuerte de
Santa Cruz

Cais de
Santa Cruz

Rue Príncipe Al. do Mónaco

Iglesia de
N. S. de las Angustias

Rua Vasco da Gama

Rua Ilha de São Luis

Rua Nova

Rua de Rosa

MONTE
QUEIMADO

Puerta
de Porto Pim

Ave. G. Codrinho e Sac.

Conde d'Ávila

Cabral

Rua Ilha da   Ventura

Rua do Pasteleiro

Murallas de
San Sebastián

MONTE
DA GUIA

Senhora
da Guia
105 m

145 m

200 m

■ **CASA MANUEL DE ARRIAGA** ⭐
Travessa de São Francisco, 2
℃ +351 292 202 580
museu.horta.info@azores.gov.pt
El 24 de agosto de 1911, Manuel de Arriaga, nacido en Horta, fue elegido primer presidente de la República Portuguesa. Noble figura de la nación, está enterrado en el Panteón Nacional de Lisboa. Su casa, rehabilitada como casa-museo, incluye una exposición permanente, una sala de exposiciones temporales y una biblioteca; si no conocía a este ilustre personaje, al final de la visita lo conocerá mucho mejor. La Casa Manuel de Arriaga, además de honrar su memoria, promueve sus valores republicanos.

■ **FÁBRICA DA BALEIA** ⭐⭐
Monte da Guia
℃ +351 292 292 140
www.oma.pt/fabrica.php
geral@oma.pt
La caza de ballenas comenzó en Porto Pim en 1943. La fábrica que está visitando era explotada por la empresa SIMAL, que fabricaba y exportaba aceite y harina de cachalote. El negocio prosperó durante unos cuarenta años, pero en 1974 la fábrica cesó toda su actividad. Adquirida en 1980 por el gobierno regional de las Azores, fue clasificada cuatro años después como edificio de interés público. Renovada a principios de la década del 2000, y desde entonces impulsada por el Observatorio Marítimo de las Azores, alberga ahora un interesante museo que acaba de ser modernizado. Tras la remodelación llevada a cabo en 2018, la Fábrica da Baleia vuelve a trazar la historia de la caza de ballenas y de la industria adyacente. En primer lugar, hay un pequeño recordatorio histórico antes de subir al primer piso y admirar el enorme esqueleto de ballena que *decora* la habitación. Si sigue las pasarelas de madera, el recorrido le permitirá descubrir las máquinas utilizadas para extraer el aceite y fabricar la harina. También hay bellas fotos, retratos

© ASSOCIAÇÃO DE TURISMO DOS AÇORES

Horta.

de antiguos cazadores, tomas de las regatas que se organizan hoy en día con los barcos que solían utilizarse para la caza. Todo esto está acompañado por vídeos explicativos (en portugués o inglés). Las almas sensibles deberán abstenerse de visitar la última área, que es particularmente explícita y precisa sobre el proceso de caza y la matanza de las ballenas. Una visita muy interesante y perfectamente orquestada.

■ FUERTE DE SANTA CRUZ
✆ +351 920 208 936
Desde 2004, alberga una elegante *pousada,* así que no podrá visitarlo a menos que se aloje allí. Su historia es elocuente: construido en 1567 en forma de pentágono para defenderse de los piratas moriscos, los españoles lo ocuparon en 1583 tras tomar posesión del archipiélago. Durante esta terrible batalla, cuatrocientos franceses se unieron a las escasas tropas portuguesas, que finalmente tuvieron que rendirse. Sir Walter Raleigh lo atacó catorce años después, sin la autorización de su comandante, el conde de Essex; la leyenda dice que los dos hombres casi se batieron en duelo en la playa. Después de la partida de los españoles en 1640, el fuerte comenzó a decaer lentamente por falta de fondos. El último enfrentamiento que tuvo al fuerte de Santa Cruz como protagonista aconteció en noviembre de 1825: las fuerzas leales al rey liberal Dom Pedro IV desembarcaron por la noche en Faial, mientras que los absolutistas de Dom Miguel se habían apoderado de la isla; después de tomar el fuerte, fueron desalojados a primera hora de la mañana y hechos prisioneros. Esta hazaña de armas, recordada por el rey en 1833 cuando los constitucionalistas finalmente

derrocaron al usurpador, refleja claramente la importancia histórica del fuerte. La puerta principal fue reconstruida en 1847. Su ubicación es excepcional y lo convierte en un punto estratégico de defensa contra los ataques marítimos, pero, desgraciadamente, no se ve mucho de este bello edificio declarado Patrimonio de la Humanidad por la Unesco.

■ JARDÍN BOTÁNICO
Rua de São Lourenço, 23
✆ +351 292 207 360
info.sraac.jbf@azores.gov.pt
En dirección a Flamengos, a 2 km al noroeste de Horta.
Este parque fue creado en 1986 y ahora forma parte del Parque Natural de Faial. La vegetación endémica, natural y exótica de la isla está muy bien representada. Primero descubriremos la de la costa y, paso a paso, iremos ganando altitud. El espacio también incluye un jardín de plantas medicinales y aromáticas. Además, si le apetece, la visita puede terminar con una infusión casera. El jardín fue distinguido en 2011 por la organización Turismo de Portugal con una mención de honor en el premio «Recualificación de Proyectos Públicos». En junio de 2019 se inauguró la ampliación del jardín botánico, que incluye el vergel de las Azores. Es posible admirar una magnífica colección de orquídeas. Se crearon varias zonas con condiciones diferentes: dos invernaderos cálidos para el cultivo de orquídeas tropicales y dos zonas de sombra, así como una zona de exterior para el cultivo de orquídeas de clima templado.
La exposición permanente, dedicada a la historia natural de la vegetación de las Azores, destaca el archipiélago

como punto de encuentro de especies vegetales únicas de diferentes orígenes y eras biológicas, a la vez que explica la aparición de especies y comunidades vegetales que se dan aquí y la necesidad de preservar un tesoro único y frágil como legado para el futuro. Posibilidad de visitas guiadas en diferentes idiomas (duración entre una hora y media y dos horas). También hay proyección de documentales, biblioteca, parque infantil, cafetería, etc.

PUERTO DEPORTIVO ⭐⭐⭐

El puerto deportivo de Horta es uno de los más famosos del mundo. Todos los marineros, los aventureros, los que navegan alrededor del mundo durante varios años, casi todos los veleros dejan, por tradición, una pintura en el muelle o en el dique que rodea el puerto. Miles de pinturas, grafitis y pintadas decoran el puerto, lo que le permitirá ver el gran número de marineros que han pasado por aquí.
El ambiente suele ser excelente en este pequeño espacio, donde podríamos pasar horas. Conoceremos marineros (de recreo) de todo el mundo.

MONTE DA GUIA ⭐⭐⭐

Un promontorio que domina Horta y Porto Pim, sobre un cono volcánico con vistas a un doble cráter destripado por el mar, invita al caminante a descubrir desde su cima uno de las panorámicas más bellos de la isla gracias a este mirador natural. En la parte superior se encuentra la capilla de Nossa Senhora da Guia, construida en el siglo XVII y reconstruida para defensa de la ciudad durante la Segunda Guerra Mundial; su blancura ayudaba a los marineros a encontrar el camino a la luz de la luna. La cumbre culmina a una altitud de 145 metros y en

las laderas crecen algunas plantas endémicas.

MUSEU DA HORTA ⭐

Palácio do Colégio
Largo Duque d'Avila e Bolama
☏ +351 292 202 581
www.museu-horta.azores.gov.pt
museu.horta.info@azores.gov.pt
Como parte de un antiguo convento jesuita del siglo XVI, el museo presenta una interesante panorámica de la historia de la ciudad a través de bellos grabados, fotografías, cartas marinas y diversos objetos, incluyendo un completo equipo de buceo que parece provenir directamente del tintinesco Tesoro de Rakham el Rojo. También muestra una fantástica colección de objetos realizados por Eucliadus Rosa en médula de higuera, única en el mundo. El museo también alberga la importante colección de objetos de plata y objetos religiosos que antes se conservaba en el Museo de Arte Sacro.

MUSEO DEL SCRIMSHAW ⭐

Rua José Azevedo, 9
☏ +351 292 292 327
petercafesport.com/museu
info@petercafesport.com
Encima del Peter Café.
No se deje engañar por su tamaño
Situado en la primera planta del Peter Café Sport, este diminuto museo es sin duda uno de los mejores museos de *scrimshaw*, el arte de grabar marfil de cachalote. Se accede a él a través del bar de la planta baja, y el propietario se encarga de enseñárselo. Es un apasionado del arte del grabado y le explicará cómo se creó el museo, así como la historia de la isla, cuando aún se cazaban cachalotes. La actividad perfecta para un día lluvioso. Termine en la planta baja con un chocolate caliente y una *fofa*.

petit futé
CARNET DE VIAJE
AZORES
LA CUARTA
VÍA ALTERNATIVA

■ OBSERVATORIO METEOROLÓGICO DEL PRÍNCIPE ALBERTO DE MÓNACO ⭐

Cabeço das Moças
℡ +351 292 292 818
Cerca de la gasolinera situada en la Rua Príncipe Alberto do Mónaco.
La evolución de la presión atmosférica observada en la zona de las Azores influye en el clima de una extensa zona geográfica. Consciente de este fenómeno, el príncipe Alberto I de Mónaco inició la construcción del Observatorio de Horta a principios del siglo XX.
Terminado en 1915, está conectado con Lisboa, París, Londres, Hamburgo y Washington mediante cables telegráficos submarinos instalados entre Norteamérica y Europa desde 1893.

■ PUERTA DE PORTO PIM Y CASTILLO DE SÃO SEBASTIÃO ⭐⭐⭐

Rua Conde d'Ávila
Atacada por los piratas en varias ocasiones, Horta inició, entre los siglos XVI y XVII, la construcción de una amplia estructura defensiva compuesta por una veintena de fortalezas erigidas estratégicamente en la bahía. Aunque la mayoría ha desaparecido, en la actualidad aún quedan (afortunadamente) algunos vestigios, como la puerta de Porto Pim y el castillo de São Sebastião. Cerca del puerto deportivo, el fuerte de Santa Cruz data del mismo período.

COSTA SEPTENTRIONAL

PRAIA DO ALMOXARIFE ⭐

Pequeña localidad costera, Praia do Almoxarife cuenta con una magnífica playa de arena negra con vistas al monte Pico en la distancia. Aquí se puede nadar con total seguridad, lo que no ocurre en toda la isla. La localidad también es famosa por su camping, que cobra vida en temporada. Si tiene tiempo, merece la pena visitar la iglesia. También hay varios restaurantes en el paseo marítimo.

SALÃO

Quizá el mayor activo de Salão sea su pequeño puerto pesquero. Desde la carretera principal, siga las indicaciones hacia «Porto do Salão» o «Parque de Campismo»: bajo la mirada atónita de unas cuantas vacas, tome un camino ligeramente accidentado hasta su final. Unos cuantos escalones, un par de barcas de colores, una hermosa piscina natural... en resumen, un auténtico pedazo de paraíso con vistas a Pico y a São Jorge a lo lejos.

CEDROS ⭐

Cedros, el municipio más septentrional de Horta, es una tranquila aldea de poco menos de mil habitantes.
Sus pastos y verdes valles, donde siempre han crecido cedros (de ahí el nombre del pueblo), harán las delicias de los amantes de la naturaleza. ¡Ideal para unas vacaciones verdes! No deje de visitar Porto da Eira.

RIBEIRA FUNDA

Ribeira Funda, pequeña aldea anexa a Cedros, puede ser un buen punto de partida para quien sueñe con una escapada a la naturaleza. Si está de paso, no se pierda el Miradouro da Ribeira Funda, inaugurado en 2009. Al continuar su camino, pronto podrá disfrutar de una inestimable panorámica

Praia do Norte.

de la cadena de cráteres del centro de la isla. Desde la localidad, tome una carretera secundaria a la derecha hacia Caldeira.

PRAIA DO NORTE

Punto de partida y de llegada de dos rutas de senderismo (PRC-2 FAI y PR-3 FAI), Praia do Norte no tiene mucho más que ofrecer. Sin embargo, apreciará la vista panorámica que se obtiene de la sucesión de cráteres que hay en el centro de la isla.

FAJÃ ★★

A Fãjã se llega por una estrecha carretera, bien señalizada, que sale a la derecha desde la carretera principal. Es una pequeña y tranquila aldea con una playa sublime, la Baía da Ribeira das Cabras, muy popular en verano. Pero cuidado: según el viento y el oleaje, bañarse aquí puede ser arriesgado. Confíe en los lugareños y no dude en pedir consejo. Desde aquí, las vistas

hacia la Baía da Areia da Quinta son sensacionales; tenga en cuenta que esta zona forma parte del Parque Natural de Faial.

Más adelante, la zona que va desde Norte Pequeno hasta el volcán Capelinhos se vio gravemente afectada por la erupción de 1957. Varias casas han quedado irremediablemente abandonadas, como puede verse aquí y allá.

COSTA MERIDIONAL

CAPELINHOS ★★★★

El último volcán de las Azores, que emergió de las olas en el invierno de 1957-1958, cubrió de ceniza y lava (dejando en pie solo el faro) una pequeña aldea de pescadores apartada de la costa, y ahora emplazada a solo un kilómetro del mar. La atmósfera lunar del lugar es perfecta para la meditación. Sorprendentemente, la hierba vuelve a crecer poco a poco.

Para compensar, el volcán también ha dado lugar a una magnífica playa de arena negra en su ladera noroeste. Hay que andar una hora desde el aparcamiento. ¡Tranquilidad garantizada! Es fascinante caminar sobre este volcán muy reciente que corre el riesgo de desaparecer debido a la erosión, ¡a menos que nuevos temblores garanticen su supervivencia! Entre el polvo y las rocas se abren caminos imprecisos que ofrecen magníficas vistas del mar en compañía de las gaviotas.

VARADOURO

Tranquila fuera de temporada, esta localidad es bastante popular en verano: en los últimos años han surgido aquí varias instalaciones turísticas y también hay un camping. Hay que decir que la zona está llena de tesoros.
Desde Porto do Varadouro podrá disfrutar de unas vistas impresionantes de los acantilados protegidos que se extienden hacia el sur, hasta el Morro

do Castelo Branco, y que forman parte del Parque Natural de Faial.
Varadouro es el punto de partida de una agradable excursión por la costa hasta el volcán de Capelinhos. Tomará un camino de tierra, más o menos transitable según el tiempo, que pasa por varias áreas de pícnic. Siga las indicaciones hacia la Reserva Florestal do Vulcão dos Capelinhos.

AREEIRO

Quizás el centro de este pueblo no le cause mucha impresión, pero Areeiro puede ser un buen punto de partida para disfrutar de las cercanas piscinas de Varadouro o para explorar los alrededores. Hay alojamientos rurales de buena calidad y se puede comer en uno de los pocos restaurantes (de verdad) de la zona.

CASTELO BRANCO

Si llega a Faial en avión, Castelo Branco es el lugar de aterrizaje. Aquí se encuentra el aeropuerto de la isla.

© EDUARDO JARNAC DE FREITAS – SHUTTERSTOCK.COM

Varadouro.

Sin embargo, la localidad está lejos de ser solo una zona de tránsito. Cuenta con un pequeño y animado centro urbano, varios alojamientos de turismo rural, una quesería e incluso una fácil excursión al Morro de Castelo Branco, que forma parte del Parque Natural de Faial. A menos de diez kilómetros de Horta, es una gran alternativa a la ciudad para una escapada rural cerca de todos los servicios.

■ MORRO DE CASTELO BRANCO ⭐

El *morro* de Castelo Branco es un promontorio de traquita resultante de una erupción volcánica de hace treinta millones de años. La forma (más o menos obvia) de un castillo blanco le habría dado nombre a la ciudad. Actualmente alberga una gran comunidad de aves raras (charrán común, pardela común y *calonectris diomedea borealis*, en particular), está dentro del Parque Natural del Faial y es objeto de una protección especial. También observará plantas endémicas, únicas en las Azores.
Se puede llegar al *morro* de Castelo Branco en coche por una pequeña carretera que sale a la derecha desde el pueblo (cuidado, el cruce está mejor señalizado si viene de Horta) o a pie a través de un circuito circular de senderismo desde Lombega (circuito PRC-5 FAI – 4 km – 1,5 h – fácil). Para conocer el itinerario exacto, consulte la página oficial de senderismo de las Azores (trilhos.visitazores.com) o póngase en contacto con la oficina de turismo de Horta. La excursión vale realmente la pena, pues es una maravilla de la naturaleza, una obra maestra de la geología. La caminata ofrece fantásticas oportunidades para tomar fotos de la costa y de la tranquila bahía justo al

lado del *morro*. También es un excelente lugar para hacer pícnics, relajarse y disfrutar del horizonte. No lo dude, es una actividad totalmente recomendable, incluso con niños (la caminata es muy fácil), en Castelo Branco.

CENTRO DE LA ISLA

PARQUE NATURAL DE FAIAL

El Parque Natural de Faial está formado por varias zonas medioambientales repartidas por la costa Norte, la costa Sur y el centro de la isla, así como por algunos centros de interpretación, especialmente en Capelinhos y Horta. El resto del Parque Natural de la isla azul, que se extiende desde Caldeira hasta Capelinhos, está formado por una notable cadena de cráteres. El Cabeço Gordo, el cráter de Caldeira, es el punto más alto de Faial. Con sus 1043 metros de altitud, revela una grandiosa vista de la parte oriental de la isla; para contemplar la parte occidental, tendrá que embarcarse en una excursión o bajar en coche hacia Horta y girar a la derecha en el primer cruce, por un camino de tierra en bastante buen estado. Le espera entonces un mirador un tanto yermo que le ofrece una visión general del Cabeço da Trinha, el Cabeço do Fogo, el Cabeço Verde y, a lo lejos, el Cabeço do Canto. En cuanto al Cabezo da Fonte, permanece tímidamente escondido. Aunque la pista es transitable en su totalidad hasta Capelinhos (una vez más, ¡no tenga prisa!), recomendamos a los caminantes aguerridos que se adentren a pie por la «Ruta de los diez volcanes» (circuito PR-6 FAI – 25 km – 8 h – difícil). Se sumergirá en una densa vegetación, particularmente agradable en verano.

VISITA

PICO

Pico, la segunda isla más grande del archipiélago de las Azores, está escasamente poblada. A excepción de tres grandes pueblos (Madalena, Lajes do Pico y São Roque), la isla está lo suficientemente desierta como para pasear durante horas sin ver a mucha gente. Sin embargo, sería un error fiarse de esta calma. La isla, que debe su nombre al volcán que ocupa una gran parte de ella (2531 metros, el pico más alto de las Azores y de Portugal), alberga algunos de los habitantes más *insólitos* del archipiélago, pero también algunos de los más amables. Madalena es el pueblo más grande de Pico y desempeña el papel de capital informal de la isla; alberga las principales sucursales bancarias, una gran oficina de correos, varios hoteles nuevos y algunas tiendas. Pero nada indica que sea una capital en el sentido tradicional. Se trata más bien de una cabecera de comarca —papel que le disputan las otras dos pequeñas ciudades— y de una capital simplemente de su *conselho* (la división administrativa básica en Portugal), uno de los tres que existen en Pico.

En Pico es difícil referirse a Madalena como la ciudad principal sin despertar la ira o la desconfianza de los habitantes de los otros municipios, todos ellos convencidos de que viven en su propia capital personal. Por cierto, cuando la isla se dividió en tres *concelhos*, se habló de asignar la cumbre del Pico, el punto más alto no solo de las Azores sino de todo Portugal, a uno de los tres municipios, decisión que conllevaba el riesgo de provocar una guerra civil. Al final, prevaleció el criterio de Salomón: la isla se dividió en tres triángulos apro-ximados, cada uno con una punta que terminaba exactamente en la cumbre del Pico.

La consternadora consecuencia de esta rivalidad es que no hay hospital en la isla, ya que no se pudo llegar a un acuerdo sobre su ubicación. Como resultado, los habitantes de Pico se ven obligados a tomar la lancha rápida hasta Faial cuando su estado supera las capacidades de los dispensarios de primeros auxilios. Si coge la lancha, verá una sala médica con dos camas a un lado.

Y si le gusta el riesgo, pruebe a decirle a un antiguo ballenero de São Roque que sus colegas de Lajes lo hacían mejor, y se dará cuenta de que no todas las historias sobre arpones que a veces apuntan al barco vecino en lugar de al cachalote son leyendas...

MADALENA

Quizá llegue a Madalena en la lancha rápida de Faial, cuya regularidad se ha convertido en legendaria. Aunque la gente no viene a Pico para bañarse en el mar, cerca del centro de la ciudad se ha creado una piscina natural (nunca se está realmente lejos de ella...) al abrigo de las olas más grandes.

En el puerto se pueden contemplar los barcos que van y vienen entre la isla y Faial, transportando todo tipo de objetos: frigoríficos, tractores, cajas de alimentos, máquinas, herramientas, etc. Estos barcos, que parecen remontarse a los tiempos de la invención de la energía de vapor, están a medio camino entre una gabarra y un pesquero, y cuando son descargados desafían todas las

PICO

Leyenda:
- Principales ciudades
- Ciudades y pueblos
- Picos principales
- Mirador
- Castillo
- Cueva
- Carreteras principales
- Carreteras secundarias

6km

N

Baixio Pequeno
Porto
Cachorro
Cabeço
Chão
Areia Funda
Baixio Grande
MADALENA
Sete Cidades
Bicadas
Valverde
Baía da Barca
Baixio da Barca
CRIÇÃO VELHA
Calhau
Monte
EN 1
CANDELÁRIA
Biscoitos
Mirateca
Campo Raso
São Mateus
São Caetano
Porto de S. Mateus
Ilhéu das Moças
Laje do Cavalo
Ilhéu do Boi
Ilhéu Redondo

Pé da Ribeira
SANTA LUZIA
SANTO
ANTÓNIO
BANDEIRAS
Furna de Frei Matias
Cabeço dos Cabras
S. Miguel
Arcanjo
EN 3
Lagoa do Capitão
Pico da Urze
899 m.
Ponta do Pico
△ 2351
Companhia
de Ca.
São João
Porto da
Prainha
Porto da
Baixa
Porto de
S. João

SÃO ROQUE DO PICO
Cedros
Gaivotas
Prainha
de C.
Lagoa do
Caiado
Landroal
887 m.
Silveira do Cabo
Ribeira
do Meio
Ribeira do Cabo

Ilhéu Escaminro
PRAINHA
SANTO
AMARO
Pedra
da Fonte
Terra
Alta
Porto
da Baixa
Adegas
PIEDADE
Manhenha
Nossa Sra das
Mercês
Areal
Baía do Calhau
Ponta do Castelete
Ponta da Ilha
Baía do Ferro
CALHETA DE NESQUIM
Baixio da
Batata
Canto
da Costa
Ribeira
Grande
Ribeira
Seca
Pontas
Negras
Porto
da
Aguada
RIBEIRAS
Ilhéu de
Forjas
Ponta dos
Biscoitos
LAJES
DO PICO
Castelo
Sta Catarina
Zona Protegida
Ponta do Castelete
Ponta da
Queimada

leyes del equilibrio más comúnmente aceptadas.

El espectáculo nunca parece cansar a los lugareños, y mucho menos a los viajeros. Lo mejor es venir por la mañana para ver a los agricultores llevar sus productos al mercado de Horta.

No muy lejos de la costa hay dos pequeños islotes en los que anidan muchas aves marinas: Em Pe (de pie) y Deitado (hechado). Son los restos de una antigua erupción volcánica.

■ MUSEO DEL VINO ⭐

Rua do Carmo
℡ +351 292 679 348
museu.pico.info@azores.gov.pt
En Carmo, un poco a las afueras del centro de Madalena.

El museo ocupa la antigua residencia de verano de las hermanas carmelitas (siglo XVII), que ha sido reformada entre tradición y modernidad. Todavía se cultivan 800 m² de viña de *verdelho*. El museo es interesante e interactivo; todos los carteles en portugués están traducidos al inglés. Destaca el imponente drago del jardín, que debe de tener entre 800 y 1000 años de edad; su savia roja se utilizó para teñir ropa y hacer analgésicos hasta la década de 1960. Atención: los domingos la entrada es gratuita, razón de más para visitarlo.

COSTA SEPTENTRIONAL

ZONA VITIVINÍCOLA DE LAJIDO ⭐⭐⭐

Para llegar a la zona vitivinícola de Lajido desde Madalena, le aconsejamos encarecidamente que siga la carretera secundaria que bordea la costa. Está completamente asfaltada y es perfec-

tamente transitable en coche. Antiguos viñedos, bodegas de basalto (*adegas*) y muros bajos de piedra le acompañarán en su recorrido.

En Cachorro, típico caserío que parece abandonado, las concreciones rocosas formadas por diversas erupciones volcánicas han creado una increíble red de salientes unos metros por encima de las olas, que se precipitan a través de las cuevas. Un sendero y unas barandillas de madera permiten pasear e inclinarse (con cuidado) sobre las olas.

Más adelante se llega a Lajido, con su centro de interpretación y sus paisajes vitícolas protegidos, declarados Patrimonio Mundial por la Unesco en agosto de 2004.

■ CENTRO DE INTERPRETACIÓN DE LOS PAISAJES PROTEGIDOS DEL CULTIVO DE LA VID DE PICO ⭐

S. Roque do Pico
Lajido de Santa Luzia
℡ +351 965 896 313
info.sraac.cipcvip@azores.gov.pt
Le recomendamos que comience su visita en la sala de exposiciones, donde un vídeo y varios paneles (disponibles en inglés) le introducirán en la historia de los viñedos de Pico. Luego, pasee por los viñedos, la sala de prensa o la destilería según sus deseos: pronto lo sabrá todo sobre las etapas de la producción del famoso *verdelho*. Una visita muy interesante. Y al acabar, ¿por qué no comprar unos vinos?

SANTO ANTÓNIO

Esta pequeña localidad costera situada junto a São Roque es famosa por sus piscinas naturales, su iglesia y su pequeño museo, el Adega A Buraca.

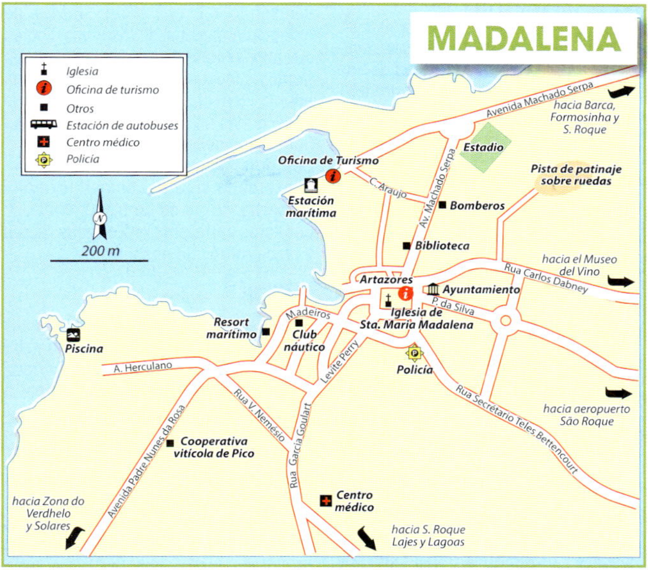

MADALENA

Iglesia
🛈 **Oficina de turismo**
■ **Otros**
🚌 **Estación de autobuses**
➕ **Centro médico**
Policía

200 m

hacia Barca, Formosinha y S. Roque

Avenida Machado Serpa

Oficina de Turismo

Estadio

C. Araújo

Pista de patinaje sobre ruedas

Estación marítima

Av. Machado Serpa

■ **Bomberos**

■ **Biblioteca**

hacia el Museo del Vino

Rua Carlos Dabney

Artazores

🛈 **Ayuntamiento**

P. da Silva

Iglesia de Sta. María Madalena

Madeiros

Resort marítimo ■

Club náutico

Levite Perry

Piscina

A. Herculano

Policía

Rua Secretario Teles Bettencourt

hacia aeropuerto São Roque

Rua V. Nemésio

Rua García Goulart

Avenida Padre Nunes da Rosa

■ **Cooperativa vitícola de Pico**

➕ **Centro médico**

hacia Zona do Verdhelo y Solares

hacia S. Roque Lajes y Lagoas

VISITA

■ **ADEGA A BURACA**
Estrada Regional, 35
☎ +351 292 642 119
www.adegaaburaca.com
adegaaburaca@gmail.com
A 2 km de São Roque.
A Buraca es un concepto, una iniciativa de Leonardo Ávila Silva, inaugurada el 11 de noviembre de 2007 y que forma parte de la Ruta del Vino desde 2013. Se trata a la vez de un museo, una bodega donde se pueden degustar excelentes vinos y una deliciosa mesa. El restaurante tradicional ofrece una cocina típica que se puede combinar perfectamente con los vinos azorianos. Además del restaurante, hay una tienda de artesanía y tonelería, una forja de herrero, talleres para trabajar la paja, la lana y el mimbre... Atención: es obligatorio reservar.

SÃO ROQUE DO PICO

Sede de la principal fábrica ballenera de Pico, esta localidad cuenta con una iglesia del siglo XVIII dedicada a san Roque que contiene un candelabro de plata donado por el rey Dom João V. El convento de São Pedro de Alcântara, de la misma época, presenta bellos bajorrelieves dorados. En agosto, la fiesta del puerto incluye un gran desfile de barcos.

PONTA DO MISTÉRIO

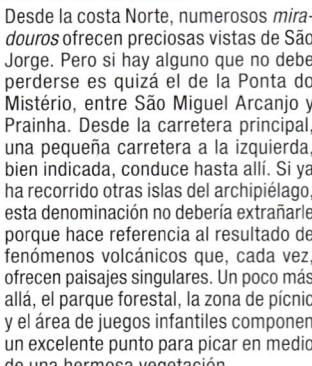

Desde la costa Norte, numerosos *miradouros* ofrecen preciosas vistas de São Jorge. Pero si hay alguno que no debe perderse es quizá el de la Ponta do Mistério, entre São Miguel Arcanjo y Prainha. Desde la carretera principal, una pequeña carretera a la izquierda, bien indicada, conduce hasta allí. Si ya ha recorrido otras islas del archipiélago, esta denominación no debería extrañarle porque hace referencia al resultado de fenómenos volcánicos que, cada vez, ofrecen paisajes singulares. Un poco más allá, el parque forestal, la zona de pícnic y el área de juegos infantiles componen un excelente punto para picar en medio de una hermosa vegetación.

PRAINHA

La carretera que bordea la costa desde São Roque hasta Piedade es muy bonita. Está rodeada de *cryptomerias,* de macizos de azaleas por todas partes, de vacas indolentes detrás de sus muretes, mientras que una lucha vegetal bastante salvaje enfrenta a las hayas (*faia*) y los pitosporos, que van ganando cada vez más terreno, conformando un nuevo paisaje de colores más claros.

Prainha supone una escala agradable en este entorno bucólico. Por ejemplo, podrá comer en el pequeño restaurante del pueblo, admirar las antiguas casas señoriales y visitar la iglesia del siglo XVIII con el frontón coronado por volutas.

SANTO AMARO

Tanto este pequeño pueblo como su escuela merecen una visita. Aunque solo sea para probar el licor de moras Amora. A la entrada, cuando se llega desde Madalena, unos «locos simpáticos» destilan todo lo que pillan. Se trata de Adega Internacional. El resultado: licores de sabor extraño. Las degustaciones son gratuitas, aunque conviene comprar una botella. Pero ojo, con una graduación de 50° y a más de treinta kilómetros de su hotel, ¡hay peligro!

Los pueblos de los alrededores han conservado su autenticidad (Prainha en particular), y es un placer conducir por estas carreteras entre vacas, flores y bajos muros de basalto.

PIEDADE

Este es un agradable lugar de vacaciones rodeado de bajos muros de basalto y con vistas a la ciudad de São Jorge, situada justo enfrente (y, con buen tiempo, a Terceira en la distancia).

Piedade es también el punto de partida de una magnífica excursión a Ponta da Ilha (sendero PR-3 PIC – 10 km – 3 horas – difícil). Para conocer la ruta exacta consulte en la oficina de turismo más cercana (São Roque) o en el sitio web oficial de senderismo de las Azores —https://trails.visitazores.com/es—, que se actualiza a diario.

COSTA MERIDIONAL

CALHETA DE NESQUIM

En este precioso pueblecito el capitán Anselmo armó el primer barco azoriano para cazar cachalotes. En el puerto se siguen reparando las lanchas balleneras para las regatas. Puede visitar un pequeño museo sin pretensiones dedicado a... las ballenas, por supuesto. Calheta de Nesquim es también el punto de partida del sendero señalizado PRC-11 PIC (12 km – 4 horas – dificultad media). Para conocer el

LAJES DO PICO

hacia Madalena

Ayuntamiento
Policía

Rua São Francisco

Club náutico

Taxi
Centro médico   ■ **Internet**

Baleeiros

Museu dos Baleeiros   **Supermercado**
Espaço Talassa

Rua Gonçalves Madruga

Rua D.J. Paulino

Estrada Regional 2ª Clase Lajes-Piedade

✳ **Centro cultural**

X. Madruga

Azevedo e Castro

□ **Correos**

Estadio

Avenida

Familia Xavier

+ **Farmacia**

Rua Olivença

Iglesia de la Santíssima Trinidad

500 m

Artazores   **Onda**   Largo de S. Pedro

ℹ

Oliveira

Capilla de São Pedro   hacia Piedade

ZONA COSTERA

Leyenda:
- † Iglesia
- 🏛 Museo
- ✳ Punto de interés
- ■ Otros
- 🚌 Estación de autobuses
- ✚ Centro médico
- Ⓟ Policía

VISITA

---

itinerario exacto, pregunte en la oficina de turismo más cercana (Lajes) o visite el sitio web oficial de senderismo de las Azores —https://trails.visitazores.com/es—, que se actualiza diariamente.

LAJES DO PICO ★★

Descubierto probablemente en 1460, este fue el primer lugar habitado de la isla de Pico, y muy pronto Lajes se convirtió en un puerto pesquero y comercial, aunque este último papel fue pronto desafiado por Madalena y, más recientemente, por São Roque.

Pero Lajes no tardó en hacerse famoso por la pesca de ballenas.

Hoy en día, la pequeña localidad es un tranquilo punto de parada lleno de recuerdos de los viejos tiempos de la caza de ballenas. La influencia americana todavía se siente con fuerza aquí, incluso más que en Terceira. La magnífica Festa dos Baleeiros, en la última semana de agosto, constituye una oportunidad para admirar los botes en una competición muy tranquila: una carrera. Los tres últimos días (el fin de semana) son los más interesantes.

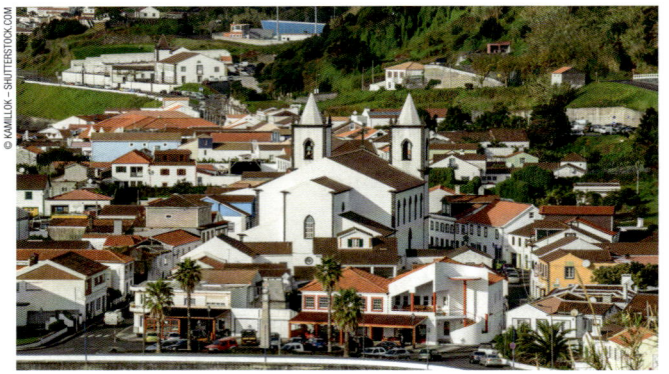

© KAMILOK – SHUTTERSTOCK.COM

Lajes do Pico.

■ MUSEU DOS BALEEIROS ⭐⭐
Rua dos Baleeiros, 13
℗ +351 292 679 340
www.museu-pico.azores.gov.pt
museu.pico.info@azores.gov.pt
Dedicado a los balleneros, este museo de la antigua Casa dos Botes no es solo un nostálgico mausoleo de una época pasada: proporciona una visión de cómo vivían y trabajaban los balleneros, y para qué se utilizaban sus herramientas, desde arpones para ballenas y prismáticos, hasta las cuerdas. Más que una profesión, descubrirá una forma de vida, sin mitología ni sentimentalismos. Un documental sobre los balleneros se proyecta cada treinta minutos, alternativamente en portugués e inglés. Sangriento por lo que respecta a las ballenas, pero muy instructivo (estómagos sensibles, abstenerse).

SÃO JOÃO
La pequeña localidad de São João se encuentra entre dos *mistérios*, los campos de lava solidificada que se formaron tras la erupción de 1718. El parque floral trazado alrededor de las coladas de lava del *mistério* de São João ofrece una agradable zona de pícnic donde se pueden observar especies endémicas. La iglesia del pueblo, cerca del puerto, fue completamente renovada tras el terremoto que destruyó el templo original. Aquí también se produce el queso de São João do Pico.

CRIÇÃO VELHA
A cinco kilómetros al sur de Madalena, Crição Velha constituye la última parada del recorrido por la isla; la última, sí, pero no la menos importante. Hay dos lugares que no debe perderse. El primero es obvio: recorrerá parte de él desde la carretera principal. Es el paisaje de los viñedos de Pico, un verdadero campo de muros bajos y cuadrados, construidos sobre tierra roja, cada uno de los cuales rodea unas cuantas viñas preciosas. Un molino a lo lejos, el océano al fondo...: el lugar es atípico y elocuente. En 2004 fue

declarado Patrimonio de la Humanidad por la Unesco. Aunque es tentador llegar en coche, se lo desaconsejamos: ¡dé la vuelta! Es preferible dar un agradable paseo: el circuito señalizado PR-5 PIC, por ejemplo (6,5 km – 2 horas – fácil), le ofrecerá una magnífica panorámica. Para conocer la ruta exacta, visite la oficina de turismo más cercana (en Madalena) o el sitio web oficial de senderismo de las Azores —https://trails.visitazores.com/es—, que se actualiza diariamente. La segunda curiosidad se esconde en lo alto de la población: la Gruta das Torres, bien señalizada desde la carretera principal, forma parte del Parque Natural de Pico.

■ GRUTA DAS TORRES ★★

Caminho da Gruta das Torres
✆ +351 924 403 921
info.sraac.cvgt@azores.gov.pt
Situada a 285 m de altitud en la zona del Cabeço do Bravo, al sur de Madalena, la gruta de las Torres está clasificada como Monumento Natural Regional e inscrita en el Parque Natural de Pico. Descubierto en 1990, es el mayor túnel de lava conocido en las Azores y en Portugal (de unos 5150 m de longitud) y uno de los diez más grandes del mundo. Equipados con un casco y una linterna, nos adentraremos hasta unos quinientos metros —el resto está reservado para los científicos. Guiado por las preciosas explicaciones del guía, observará bonitas estalagmitas y estalactitas de lava, paredes estriadas, estructuras lávicas muy diferentes entre sí, todo ello envuelto en una oscuridad profunda y en silencio: para no desnaturalizar el lugar, no se ha llevado hasta allí ningún artificio humano. Entre las aproximadamente ochenta cavidades volcánicas de Pico, esta merece la visita.

La gruta das Torres es un ejemplo del uso sostenible de un recurso natural con fines turísticos, pero sobre todo para concienciar a la población sobre la protección del medioambiente. La visita se realiza con el máximo respeto. La gruta es absolutamente fabulosa y durante la visita se sentirá como un verdadero explorador, con su casco y su linterna. Un momento mágico, como suspendido en el tiempo. La actividad es ideal para las familias. Recuerde reservar al menos el día anterior, ya que las plazas son limitadas. E ir bien equipado: buenos zapatos para caminar, chaleco, chubasquero, etc.

RUTA POR EL INTERIOR

Los afortunados que dispongan de tiempo, coche y... buena climatología, harán bien en tomar la carretera R-3-2 que cruza la isla de este a oeste (o viceversa). Saliendo de Lajes do Pico en dirección a Madalena, una bifurcación a la derecha conduce a una meseta a unos 700 metros de altitud. El paisaje se compone de bosques dispersos que se aferran a las colinas, camelias resplandecientes (en temporada), pastos sumamente tranquilos y una rica vegetación endémica: de hecho, este es el lugar más fácil en las Azores para empaparse de la flora autóctona sin tener que caminar durante horas para encontrarla. Magníficas vistas de la costa sur a medida que se asciende. Más adelante, un cruce en el camino le llevará a la Lagoa do Caiado, a la derecha, que no debe perderse. El paisaje es muy parecido al de la época de la colonización, con poca vegetación importada.
Vistas ejemplares de São Jorge al fondo. Puede pasear durante horas por aquí

y por allá, pero tenga mucho cuidado donde pone los pies: ¡las alfombras de musgo pueden convertirse en agujeros muy profundos!

Para llegar a la Lagoa do Capitão, vuelva a la carretera que lleva a São Roque y tome poco después una bifurcación a la izquierda. Una señal le indicará cuándo girar: la pista conduce a un lugar idílico, tan bello como tranquilo. Los conejos aparecen en el recodo de un terraplén y los patos graznan apaciblemente.

Detrás, el volcán impone su soberbia silueta. Es el lugar perfecto para hacer un pícnic, pasear o simplemente no hacer nada. Podrá sacar unas fotos maravillosas con el lago, los patos en primer plano y el Pico detrás.

Si aún tiene sed de más vistas panorámicas, tome la pista que bordea el estanque por la derecha; desde lo alto de la pequeña subida se obtiene una bonita vista de São Jorge.

A continuación, la carretera principal conduce a Madalena, en medio de un paisaje rural. El volcán nunca se pierde de vista, a la izquierda. Apenas hay tráfico, solo algunos rebaños de vacas que son conducidas o llevadas, algunos granjeros que saludan con sonrisas, y siempre panorámicas impresionantes para acompañar sus sueños.

SÃO JORGE

La larga silueta de São Jorge es fácilmente identificable. La isla se contempla como un largo acantilado con una carretera que lo recorre en toda su longitud a casi 800 metros de altitud. Vista desde el aire, São Jorge se asemeja a un gran barco inmóvil que ha elegido su rincón del océano para echar el ancla y disfrutar de los placeres del descanso. Tanto el caminante empedernido como el paseante dominguero encontrarán senderos por los que pasear: quizás los paseos más bellos de las Azores se concentren aquí. Ricas praderas verdes cubren casi toda la isla; hortensias, brezos, helechos y belladona predominan entre las flores y las plantas que encontrará; castaños, pinos, eucaliptos y hayas entre los árboles. El exuberante escenario de São Jorge ofrece fantásticas vistas panorámicas desde lo alto de los acantilados, cuyas laderas se sumergen vertiginosamente en el mar, o desde las *fajãs*, superficies planas que se extienden hasta el océano y que tienen su origen en el hundimiento de los acantilados.

Las *fajãs*, verdaderos símbolos de São Jorge (hay 46, 30 de ellas en la costa norte), son el resultado de erupciones volcánicas en el centro de la isla, con la lava derramándose sobre el mar, o del hundimiento del terreno tras los temblores. Se han transformado en fértiles huertos y campos de ñame, maíz y hortalizas. El café, el té y las frutas tropicales (plátanos, piñas) crecen en estas zonas, que se benefician de microclimas muy favorables. Las *fajãs* son especialmente fértiles en la costa sur, más baja y expuesta al sol. En la costa norte son muy pequeñas y se encuentran en el fondo de barrancos de varios cientos de metros de profundidad, algunos de los cuales contienen lagunas cristalinas. La mayoría de estas *fajãs* fueron abandonadas tras el terremoto de 1980.

SÃO JORGE

Legend:

◇ Cudades principales
● Cudades/pueblos
○ Pueblos pequeños y localidades

⌃ Picos principales
☆ Mirador

Carreteras principales
Carreteras principales
Acantilado

Scale: 6 km, N

Place names:

Ponta dos Rosais
Pedregulho
Fajã do João Dias
ROSAIS
Arrifana
Figueiras
Baía do Vô do Rosário
Seroa
Fajã do Valado
SANTO AMARO
Beira
Toledo
ER-1-2
Fajã da Ponta Furada
Outeiro da Cruz
S. António
NORTE GRANDE
Fajã do Ouvidor
Fajã da Ribeira da Areia
Fajã Isabel Pereira
Canto do Abelheira
NORTE PEQUENO
Fajã dos Cubres
Fajã dos Tijolos
Fajã da Caldeira da Santa Cristo
VELAS
Ponta dos Eires
Baía de Entre-Morros
Ponta da Queimada
URZELINA
Casteletes
MANADAS
S. Rita
Santa Barbara
ER-3-2
Sra do Livramento
▲ Pico da Esperança 1067 m.
Caís dos Manadas
Fajã das Almas
Fajã Grande
Biscoitos
Cruz Nova
CALHETA
Caminho Novo
RIBEIRA SECA
Portal
Fajã dos Vimes
ER-2-2
Loural 1
Loural 2
Fajã dos Bodes
Fajã de Além
Fajã dos Barreiras
Ponta de S. João
Fajã de S. João
Fajã Castelhano
Fajã do Nortezinho
Fajã dos Cubres
Ponta das Vinhas
SANTO ANTÃO
TOPO
Cruzal
Ilhéu do Topo
Ponta do Topo
Ponta do Morro
Ponta do Montério
Ponta do Gonçalo
Ponta da Caldeira
Serra do Topo

En el centro de la isla se encuentra su parte más joven, la cadena de picos, el más alto de los cuales, el Pico da Esperança, alcanza los 1053 metros de altitud.

Al este y al oeste hay abruptos precipicios. De estos picos descienden torrentes que rápidamente toman forma de impresionantes cascadas que saltan decenas de metros antes de estallar en la superficie del océano.

VELAS

Es la principal población de la isla. Cuenta la leyenda que un día naufragó en la zona un barco pirata con todo un cargamento de velas, que fueron encontradas flotando en el mar, lo que dio nombre a la ciudad, «la ciudad de las velas».

No se tarda nada en recorrerla, pero sus estrechas calles empedradas conservan cierto encanto, y es agradable detenerse junto al puerto o en la plaza del jardín municipal. En cualquier caso, la mayoría de los establecimientos turísticos tienen su sede aquí, por lo que es probable que acabe alojándose en esta localidad.

■ IGLESIA DE NOSSA SENHORA DA CONCEIÇÃO

Rua do Corpo Santo
Construida en el siglo XVIII, formaba parte del antiguo convento franciscano. En el interior hay una nave decorada con tallas de madera tallada y dorada. Las molduras están hechas de lava negra. Se llevó a cabo un proceso de restauración bastante importante a principios del siglo XX y actualmente está bajo la tutela de la Irmandade da Santa Casa da Misericórdia de Velas. El acceso al edificio es libre, por lo que, si está abierto, solo le tomará unos minutos.

■ IGLESIA DE SÃO JORGE

Rua da Capela
Construida en 1460 siguiendo las órdenes testamentarias del Infante don Enrique, fue restaurada varias veces en los siglos XVII y XVIII, por lo que hoy es un curioso conjunto arquitectónico (que merece la pena). En su interior, el retablo del siglo XVI fue donado por el rey don Sebastián, quien, según las últimas investigaciones, no regresó nunca a Portugal. El órgano que adorna la parte superior del coro fue construido en 1865 por el tío del compositor Francisco Lacerda. Un bello edificio en la ciudad de Velas.

■ MIRADOR DE MIRANTE

En la carretera entre Velas y Urzelina, vale la pena hacer la ruta por sus magníficas vistas sobre Velas y su bahía. En las Azores hay muchos miradores en los que podrá disfrutar inmensamente. Las vistas sobre la maravillosa naturaleza del país son casi infinitas: lagos, volcanes, verdes llanuras..., todo es digno de admiración y contemplación. El mirador de Mirante no es una excepción. Así que busque un momento para hacer una parada, sin prisas, y tómese su tiempo para deleitarse y apreciar el paisaje.

■ MORRO GRANDE

A media hora y pie del centro de Velas, el Morro Grande es la colina que domina la ciudad. Se trata de un lugar ideal para admirar la bahía y la vista panorámica de la ciudad, especialmente si el día está despejado. Desde allí también se puede contemplar el cráter del antiguo volcán Morro Queimado o el atardecer (probablemente uno de los mejores momentos para visitarlo), mientras que el Pico levanta su majestuosa silueta justo enfrente. Si dispone de media hora, no dude en lanzarse a esta corta caminata con mucho que ofrecer.

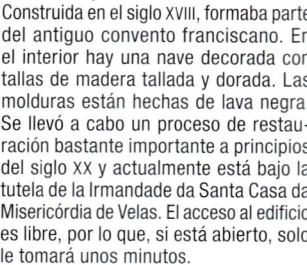

VELAS

1 - Jardín municipal
2 - Ayuntamiento
3 - Portão do mar
4 - Iglesia Matriz de S. Jorge
5 - Iglesia N. Sra. da Conceição
6 - Correos
7 - Centro de salud
8 - Bomberos
9 - Policía
10 - Oficina de Turismo
11 - Jardín botánico
12 - Puerto
13 - Tribunal
14 - Biblioteca
15 - Puerto deportivo
16 - Tenis

Artazores

100 m

Rua Dr. Mig. dbr Bombarda
Dr. Pereira
D. Henrique
Capela
Da Silveira
Coutinho
Rua do Corpo Santo
Avenida da Conceição
Rua do Saco
Rua de S. João
Arriaga
Rua Pedre Alfonso
São André
Rua Dr. João Teixeira
Rua da Gruta
Jorge
Rua Manuel
Rua T. M. Pires
Rua do Mar
Avenida do Livramento
Rua dos Degrab
Caminho da Piedade
19 de Outoubro
Rua 1.º de Albergaria
Rua do Livramento
hacia Morro Grande

COSTA MERIDIONAL

URZELINA ⭐

Urzelina goza de unas magníficas vistas de Pico. Aunque se encuentra a varios kilómetros de Velas, depende administrativamente de ella. Su nombre deriva de *urzela*, «acedera», una planta utilizada en tintorería en la época, y refleja la importancia económica de su recolección en el siglo XVII.

Su situación privilegiada le aseguró una rápida prosperidad, pero fue destruida casi por completo por una erupción volcánica en 1808. Hoy, cerca del puerto, se puede ver una casa que servía de almacén de naranjas antes de que estas se exportaran, así como grandes mansiones descoloridas que recuerdan la antigua riqueza de los productores.

MANADAS ⭐

Un bonito pueblecito al sureste de Velas, rodeado de huertos y campos.

CALHETA

Es la segunda ciudad de São Jorge, con el mercado más grande de la isla y, como tal, ofrece varias opciones de alojamiento y restauración. Es cierto que aquí no hay mucho que ver, pero el ambiente es agradable. Siempre puede echar un vistazo a la iglesia parroquial de Santa Catarina, la patrona, construida en el siglo XVII, o al museo Francisco de Lacerda para aprender más sobre este famoso músico local y sobre la historia de la emigración azoriana. El pequeño puerto (Largo do Cais), con su aire del siglo pasado, es encantador.

Destacan también los cuatro días de música, deporte y etnografía del festival de julio (en la segunda quincena del mes).

FAJÃ DO VIMES

La carretera que conduce hasta allí es muy agradable. Hay varios miradores donde podrá disfrutar del encanto de la escarpada costa y de las cascadas que caen por los acantilados.

© RUI VALE SOUSA – SHUTTERSTOCK.COM

Urzelina.

© JEROEN MIKKERS – SHUTTERSTOCK.COM

Fajã dos Vimes.

Justo antes de llegar a Fajã do Vimes verá una pequeña señal que simboliza un grifo. Indica un manantial natural de agua ligeramente gaseosa, al que se accede por una pequeña escalera. Llévese una botella y sírvase; es un agua excelente para recuperarse de una noche de borrachera.

Una vez que llegue a Fajã do Vimes, no deje de hacer una parada en el Café Nunes, y aproveche para visitar la pequeña tienda de artesanía que hay en el piso de arriba. Aquí encontrará alfombras y colchas confeccionadas exclusivamente por mujeres en telares tradicionales.

Si no tiene prisa, puede dirigirse a Fajã dos Bodes, un poco más lejos, para visitar su molino de agua tradicional con ruedas de paletas de basalto.

CRUZAL

En la carretera principal, justo antes de Santo Antão, hay una señal que indica la dirección hacia esta pequeña aldea (de hecho, está ligeramente oculta por la maleza, justo después de la bifurcación de la carretera). Al llegar a una bifurcación, gire a la izquierda. Aparque justo antes del puente de piedra sobre un molino de agua. Un estrecho sendero sale a la derecha: si toma este camino, verá una hermosa cascada justo debajo del molino, que crea un entorno pintoresco y romántico. Aquí podrá darse un chapuzón. Para volver a la carretera principal hacia Topo, siga recto pasado el puente.

TOPO ★★

En la punta misma de São Jorge, este es el primer lugar de asentamiento y la zona más primitiva y tradicional de la isla. Un pequeño rincón del mundo, por así decirlo. Algunas vacas pastan en temporada en el islote de enfrente. Las mentes curiosas se preguntarán cómo es posible llevar a estos pacíficos bóvidos a un lugar como este...

Pues es muy sencillo: ¡las vacas simplemente nadan! El granjero las sigue en una barca para guiarlas, mientras estas nobles damas disfrutan del frescor de las olas. Si se encuentra por la zona, merece la pena ver la escena.

COSTA SEPTENTRIONAL

FAJÃ DA CALDEIRA DE SANTO CRISTO ⭐⭐⭐

Un lago, un embarcadero, barcas de colores y algunas casas desiertas: esto es la Fajã da Caldeira de Santo Cristo. ¡Hay que reconocer que las pocas horas de caminata han sido bien recompensadas!

Aquí todo parece abandonado, pero una comunidad ha hecho suyo el lugar: un puñado de azorianos, ermitaños, escritores necesitados de inspiración y surfistas (detrás de la playa de guijarros hay uno de los *spots* más bellos

© KAROL KOZLOWSKI – SHUTTERSTOCK.COM

Fajã da Caldeira de Santo Cristo.

de Europa) viven aquí todo el año y se abastecen en barco o en moto. La reputación de pueblo *hippi* se ha extendido, al parecer, por todo el continente, y algunos *peludos* han llegado recientemente desde Lisboa en busca de una rutina diaria fresca, sana y vigorizante.

Hay una reserva natural para aves, la Furna do Poio, una cueva que contiene una pequeña laguna (solo visitas guiadas) y un centro de interpretación instalado en 2011.

Por último, esta laguna es el único lugar del archipiélago donde se pescan almejas.

▸ **La romería del Santo Cristo** se celebra el primer domingo de septiembre.

■ **CENTRO DE INTERPRETAÇÃO DA FAJÃ DA CALDEIRA DE SANTO CRISTO** ⭐
✆ +351 295 403 860
info.sraac.cifcsc@azores.gov.pt
Se trata de uno de los dos centros medioambientales que dependen del Parque Natural de São Jorge. Construido a partir de las ruinas de un antiguo edificio renovado, este centro de interpretación dará respuesta a aquellos que se pregunten sobre el origen geológico de las *fajãs* (y, en particular, la de Santo Cristo), así como sobre el estilo de vida ancestral de los que las habitaban en el pasado. También se aborda el aspecto biológico; en resumen, un espacio completo que merece una visita.

NORTE PEQUENO ⭐

Norte Pequeno es un pequeño pueblo del norte de la isla. No tiene mayor interés que el de albergar el Kilómetro 0, el punto de partida de varias rutas que pueden recorrerse a pie, sobre dos

Fajã dos Cubres.

ruedas o en coche (atención, algunas carreteras son difíciles de transitar). Si tiene suerte puede que se cruce con el alcalde del pueblo, la increíble persona que está detrás del concepto, que le explicará enseguida cómo funciona (¡y puede que incluso le acompañe!). Si no, busque la señal cerca de la Junta de Freguesia y siga la ruta que haya elegido, fiándose de las indicaciones correspondientes. El orgullo y la alegría del creador del proyecto reside en el hecho de que cada poste indicador está equipado con un código QR que podrá escanear con su *smartphone:* un mapa interactivo aparecerá entonces en su pantalla.

Otra opción, igual de bonita pero menos divertida, es el sendero oficial señalizado PRC-6 SJO (11 km – 3 horas – dificultad media). Sale del pueblo y lleva a las Fajã Mero, Fajã Penedia y Fajã Pontas. Para conocer el itinerario exacto pregunte en la oficina de turismo de Velas, en el quiosco de información turística de Calheta, o visite el sitio oficial de senderismo de las Azores: https://trails.visitazores.com/es.

FAJÃ DOS CUBRES ⭐⭐⭐

Desde Norte Pequeno la carretera está bordeada de flores exóticas (rizos de princesa) y pequeños puentes de madera. Varios miradores ofrecen magníficas vistas panorámicas de este otro extremo del mundo; el primero de ellos, en lo más alto, ofrece una buena perspectiva de la *fajã* y de los altos acantilados que se precipitan casi verticalmente sobre el océano. Como muchas otras, la Fajã dos Cubres disfruta de un microclima particular y también de un pequeño lago en el cráter. No hay duda: es uno de los lugares más fotogénicos de la isla.

Desde aquí se puede tomar un sendero (a pie) frecuentado por burros, motos y lagartos; baja, sube y se atraviesa el bosque con Terceira al fondo, para llegar a un lugar recóndito: la Fajã da Caldeira de Santo Cristo.

FAJÃ PENEDIA

A Fajã Penedia se llega por un camino de tierra accesible a pie o, por qué no, los más temerarios también llegan en coche —en este caso, cuidado con las condiciones meteorológicas: el camino puede estar resbaladizo.

En este paraje aislado solo quedan algunas casas abandonadas, y la *fajã* parece sencillamente desierta. Sin embargo, cada año, la fiesta del 25 de agosto atrae a gente de todos los pueblos de los alrededores. Cientos de personas comparten la sopa tradicional, preparada en una cocina contigua a la iglesia. Si la iglesia parece bonita, es porque fue reconstruida a principios de la década de 2000 tras un terrible terremoto: la original databa de 1889.

FAJÃ DA RIBEIRA D'AREIA

Al llegar al pueblo de Ribeira d'Areia, una bifurcación a la derecha conduce a la *fajã* del mismo nombre. Después de algunos kilómetros por una carretera sinuosa, (muy) empinada, pero de buena calidad, se llega a la iglesia de la aldea. Le aconsejamos que aparque aquí y continúe su visita a pie: la carretera asfaltada no se ha prolongado, sin duda para preservar la tranquilidad que reina aquí. El apacible entorno invita a la meditación.

NORTE GRANDE

Este es un pueblo que se ha ido vaciando de habitantes en las últimas décadas, y en el que podrá detenerse para admirar los hermosos azulejos de la iglesia de Nossa Senhora das Neves, de 1762.

Norte Grande también alberga el último de los centros medioambientales del parque natural de la isla: la Casa del Parque y el Ecomuseo de São Jorge. Una rápida visita promete enseñarle más sobre las costumbres y tradiciones de la isla marrón.

FAJÃ DO OUVIDOR

Volviendo a la carretera principal de la costa norte, un desvío en Norte Grande conduce a la Fajã do Ouvidor, una de las más populares de la isla. Desde un

Fajã do Ouvidor.

mirador situado un poco más abajo se puede apreciar su belleza y su sorprendente ubicación. En el pasado, unos 900 habitantes trabajaban los cultivos en terrazas que se extendían a lo largo de la ladera del acantilado: plátanos, patatas, café, etc. Hoy en día, estos cultivos se agrupan en la parte inferior, mientras que las construcciones tradicionales de piedra basáltica se alternan con grandes mansiones de colores bastante pretenciosas, que parecen importadas directamente de California.

▶ **Hay tres piscinas naturales para satisfacer incluso a los nadadores más empedernidos:** una para niños, cerca del muelle; la segunda cerca del pequeño faro; y la última, espectacular, a la izquierda del pueblo, con vistas al mar. Es un paraje maravilloso e indómito entre macizos de roca volcánica, cascadas que gotean desde los acantilados (sobre todo después de fuertes lluvias), los picos vertiginosos de la costa norte, la silueta de Graciosa languideciendo en el horizonte y, de vez en cuando, delfines retozando cerca.

ROSAIS, PARQUE DE SETE FONTES

Las siete fuentes se han perdido, pero este parque, homenaje a los emigrantes (de ahí los barcos), ofrece unas espléndidas vistas de Graciosa, Faial y Pico. Aquí se pueden emprender magníficos paseos en un entorno bucólico, entre helechos arborescentes, agapantos, camelias y azaleas. No dude en tomar el pequeño camino de tierra hasta el magnífico mirador de Pico da Velha (493 metros sobre el nivel del mar): ¡unas vistas impresionantes del interior de la isla y de la costa sur,

incluyendo Faial, Pico y Graciosa! Otra pista conduce al faro del extremo occidental de São Jorge, abandonado desde 1980 debido al riesgo de terremotos. Se puede llegar en coche, pero la ruta es tan encantadora y tranquila que puede optar por recorrerla a pie. La paz y la tranquilidad están garantizadas. Es posible pasar la noche en Rosais antes de llegar al parque.

RUTA POR EL INTERIOR

Una magnífica carretera, primero asfaltada y luego de tierra, que es transitable durante todo el año (a pesar de algunos tramos complicados), discurre por el interior de la isla desde la cooperativa quesera de Beira hasta el Pico das Brenhas, a 882 metros de altitud. La ruta pasa por Choupana. En un día claro se obtienen magníficas vistas hacia ambos lados de la isla y, abajo, de los campos rodeados de hortensias, que en temporada lucen un azul brillante. De hecho, aunque São Jorge recibe el apodo de la «isla marrón» por la importancia de los cultivos y la tierra, probablemente haya más hortensias aquí que en Faial. En verano es un auténtico caleidoscopio cerúleo extendido por las alturas. A continuación, puede tomar la carretera que atraviesa la isla de norte a sur, desde Urzelina hasta Norte Grande, o bien continuar hacia el Pico da Esperança, el punto más alto de la isla con 1053 metros, desde donde podrá disfrutar de una panorámica incomparable. Esta parte de la carretera puede resultar dañada tras fuertes lluvias, por lo que es mejor asesorarse antes de partir.

VISITA

AZORES OCCIDENTALES

FLORES

De forma trapezoidal, la pequeña isla de Flores se encuentra en el extremo del archipiélago de las Azores, lo que la convierte en el punto más occidental de Europa. Es sin duda la isla con los paisajes más bellos y encantadores.

Flores, la isla amarilla, se caracteriza sobre todo por su naturaleza prístina y exuberante: valles profundos, ríos, picos y colinas (el Morro Alto, de 914 metros de altitud, es el pico más alto de la plataforma central), campos jalonados por setos de hortensias, cascadas, cuevas y la maravilla de siete lagos que se encajan graciosamente en los huecos de cráteres dormidos.

Aquí se han registrado 850 plantas, de las que solo 56 son endémicas. El jengibre blanco (*Hedychium garderianum*) es muy bonito, pero está arruinando el ecosistema local. Hay belladona e incluso strelitzia (símbolos de la isla de Madeira). En cuanto a los *cubres* (*Solidago sempervirens L.),* las flores amarillas que cubrían la isla cuando fue descubierta, ya no son tan numerosos como antes.

Flores es una isla pequeña que puede visitarse rápidamente en solo dos días. A no ser que, si viaja en los meses de invierno, el tiempo sea malo, en cuyo caso puede que los aviones no puedan acercarse al pequeño aeropuerto de Santa Cruz y le dejen tirado unos días.

Esto ocurre mucho menos en verano, pero no es imposible Lo más importante es mantener la calma y planificar la estancia en consecuencia.

Contrariamente a lo que algunos piensan, Flores (al igual que Corvo) ya no parece estar sujeta a actividad sísmica; su estabilidad geotectónica es evidente. De hecho, no hay que temer ningún terremoto.

Una de las curiosidades geológicas de la isla es la Rocha dos Bordões, creada por la solidificación del basalto en estrías altas y rectilíneas. La otra es la Gruta dos Enxaréus, una enorme cavidad volcánica de unos 50 metros de largo por 25 de ancho, situada frente al mar y accesible en barco.

SANTA CRUZ

Es la población principal de la isla, con la mayoría de los servicios administrativos, el aeropuerto y los antiguos edificios franceses. Su armonía arquitectónica es testigo de su prosperidad en el pasado. Una piscina seminatural invita a nadar con los pececillos.

El poeta simbolista Roberto de Mesquita, cuya obra evoca el aislamiento, una soledad interior similar a la de Flores, enmarcada entre dos mundos, nació aquí en 1871 (murió en 1923), al igual que el historiador Frei Diego das Chagas (1584).

N
3km

Ilhéu Francisco
Ponta Delgada
Ponta do Albamaz
Terra da Costa
Castelhanas
Ponta Delgada
Ponta do Ilhéu

Ilhéu da Gadelha

Ponta da Barrosas
Ponta Ruiva

Ponta Ruiva
Fajã da Ponta Ruiva

Islote de onchique
Quebrada Nova
Ponta dos Fanais
Baixa Rasa

Ilhéu de Álvaro Rodrigues

EN-1-20

Cedros

752 m
Caldeirinha
768 m

Ilhéu Alagoa
Baixa do Moinho
Baixa Vermelha
Porto de S. Pedro

Alagoa

Morro Alto
914 m

Fazenda de Santa Cruz

SANTA CRUZ DAS FLORES

Ponta

Pico da Sé
721 m

Porto da Fajã Grande
Ponta do Baixio

849 m
Cald. Branca

Fajã Grande
△ 672

Rocha dos Bordões
Cald. Seca
Caldeira Negra
Cald. Comprida

EN-2-2a

Enxaréus
Fajã do Conde

Fajãzinha

Ponta de Fernão Jorge

Caldeira de Lomba

Caveira

Ponta das Bredos
uebrada da Muda

Caldeira

Ponta da Carveira

Caldeira Rasa

△ 769 m

EN-1-22

Ponta de Fora
Porto da Lomba

Mosteiro

Caldeira Funda

Ponta das Cantarinhas

Pico da Terra Nova

Lomba

Celhau Novo
Ponta Negra

Lajedo

EN-1-2a

Fazenda

Lomba de Baixo

Pico do Lourenço
Fajã de Lopo Vaz

LAJES DAS FLORES
Ponta das Lajes

Ponta do Capitão

Ponta dos Ilhéus
Formigas
Ponta da Rocha Alta
Ponta Lopo Vaz

	Ciudades y pueblos		Cueva
△	Picos principales		Carreteras principales
	Miradores		Carreteras secundarias
			Acantilado

■ CENTRO DE INTERPRETACIÓN MEDIOAMBIENTAL DE BOQUEIRÃO

Boqueirão
℅ +351 292 542 447
info.sraac.ciab@azores.gov.pt
Este antiguo almacén de aceite de ballena ha sido renovado y rehabilitado para convertirse en un atractivo centro de interpretación que forma parte del Parque Natural de Flores. El lugar está dedicado a la promoción de las áreas naturales notables y protegidas de la isla: desde aves hasta cetáceos, incluyendo especies de plantas endémicas; la vida de Flores pronto no tendrá secretos para usted. Es de visita obligada si se encuentra en la isla.

■ IGLESIA DE SÃO BOAVENTURA

Junto al museo y el convento franciscano.
Fue erigida por deseo de una familia muy piadosa. Comenzada en 1640, la construcción duró 114 años. Cambió de manos varias veces siguiendo los cambios de dueño del convento y albergó un hospital durante casi un siglo. El edificio, con una bella fachada barroca, destaca por su ornamentación en madera tallada y sus dos cúpulas blancas. El techo abovedado de madera de cedro pintada está decorado con motivos vegetales y alegóricos. Cuenta también con un notable retablo del siglo XVI que representa la Anunciación a la Virgen María.

■ IGLESIA PARROQUIAL DE NOSSA SENHORA DA CONCEIÇÃO

De estilo barroco, y finalizada en 1859, es una de las iglesias más imponentes del archipiélago. Las etapas de su construcción se pueden ver claramente en la fachada (siempre que entienda portugués, claro), flanqueada por dos torres diferentes que dan la impresión de estar incompletas. En el interior se puede ver un magnífico altar, un techo pintado y una bellísima colección de estatuas de santos (Lucas, Mateo, Marcos y Juan). Una iglesia de las que nos gustan en las Azores.

■ FÁBRICA DA BALEIA DO BOQUEIRÃO

Porto do Boqueirão, 2
℅ +351 292 542 932
museu-flores.azores.gov.pt
museu.flores.info@azores.gov.pt
Es la antigua fábrica de recolección y procesamiento del aceite de ballena, construida en la década de 1940 y ahora renovada y rehabilitada para convertirse en un apasionante centro de interpretación que depende del Parque Natural de Flores. El lugar está dedicado a la promoción de las áreas naturales notables y protegidas de la isla: desde aves hasta cetáceos, incluyendo especies de plantas endémicas.

■ MUSEO ETNOGRÁFICO

Convent de São Boaventura
Largo da Misericórdia
℅ +351 292 592 159
www.museu-flores.azores.gov.pt
museu.flores.info@azores.gov.pt
Reabierto en 2016 totalmente reformado y modernizado, este museo abarca varios aspectos muy interesantes de la historia más y menos reciente: la agricultura, la industria láctea, los instrumentos de navegación marina, la isla y los piratas, la caza de ballenas, por no hablar de la visita a la iglesia adyacente y algunas piezas de arte sacro. Proyecta una película que explica la presencia francesa en la isla y un documental sobre la encalladura de un crucero en 1909, que también está disponible en inglés.

SANTA CRUZ DAS FLORES

hacia Ponta Delgada,
Ponta Ruiva, Cedros,
Fazenda de Sta. Cruz

Rua de S. Pedro

Indústria

Rua

Porto do Boqueirão

R. das Hortênsias

Rua do Rosário

Estrela

Graça

Piscinas
naturales

Rua da Anunciação

Rua de Esperança

AEROPUERTO

Souto Cruz

Barro dos Franceses

Av. Diogo das Chagas

Rua C. Matheiros

Rua Gago Coutinho

Cibercafé

Mesquita

Policía

Banco

Sata
Airline

Ayuntamiento

Correos

André de Freitas

Policía
portuaria

Museo del convento
de S. Boaventura

Sta. Catarina

Diogo de Teive

Porto Velho

Da Silveira

Conceição

Estación
de autobuses

Centro
médico

Nossa Sra.
da Conceição

Agencia
de viaje

Porto das Poças

Avenida Principe do Mónaco

hacia Rocha dos Bordões,
Lagoas, Monte das Cruzes
y Fajá do Conde

hacia Fajá Grande,
Lopes, Fazenda,
Lomba y Caveira

150 m

Iglesia
Museo
Oficina de turismo
Otros
Estación de buses
Centro médico
Policía

COSTA SEPTENTRIONAL

FAZENDA DE SANTA CRUZ ⭐

Esta frondosa aldea de Sant Cruz está enclavada en un magnífico valle. Su parque es fabuloso y sería una verdadera lástima no visitarlo. Está a tan solo diez minutos de Santa Cruz.

■ IGLESIA DE FAZENDA DE SANTA CRUZ – NOSSA SENHORA DE LOURDES ⭐

Rua Monsenhor Henrique Augusto Ribeiro

La construcción de esta iglesia está relacionada con un pequeño *milagro*. Mientras se cavaban los cimientos del edificio, se descubrió la única fuente en la isla. Su agua, muy fresca, recogida bajo el altar, tendría virtudes milagrosas, de ahí su nombre de Nuestra Señora de Lourdes. Tanto el exterior, con sus dos torres laterales, como el interior son muy sencillos y no tienen ningún elemento de referencia arquitectónica. El lugar es conocido principalmente por la fuente.

■ PARQUE FORESTAL DE FAZENDA

Este parque da una buena idea de las riquezas naturales y endémicas de Flores y de las Azores en general. Algunas de las plantas exóticas más impresionantes son los pinos del Himalaya, el hibisco, las azaleas o los magníficos helechos (importados de Australia en el siglo XIX). Además de la flora, hay una cascada y truchas de cultivo listas para ser reintegradas a los ríos. Un pequeño remanso de paz natural en esta hermosa y preservada isla.

PONTA DELGADA ⭐

Este es un antiguo pueblo de pescadores. Los franceses establecieron aquí su campamento base y construyeron una carretera. Hoy todavía se puede intuir el trazado de esta antigua carretera observando la tala de los árboles en el paisaje. Ponta Delgada fue famoso durante mucho tiempo por sus algas, que se exportaban a todo el mundo. El trabajo era muy duro: los buceadores debían sumergirse, arrancar las algas

© DIANAAN – SHUTTERSTOCK.COM

Fazenda de Santa Cruz.

y subir más de cien escalones por el acantilado, con la espalda doblada por el peso del botín. La iglesia de São Pedro (1766) tiene una arquitectura barroca lo bastante extraña como para que merezca la pena verla, antes de continuar hacia uno de los faros más notables de la isla.

COSTA OCCIDENTAL

FAJÃ GRANDE

Un fin del mundo tan difícil de alcanzar como de abandonar. El panorama es grandioso: acantilados de más de cuatrocientos metros de altitud por los que se precipitan cascadas cuya blancura contrasta con el verde intenso de la omnipresente vegetación. Es salvaje, es magnífico, es rural y también marino: el largo oleaje del océano se convierte en espuma al chocar contra los afilados picos de basalto. Es probablemente el lugar ideal para alojarse en Flores. Aquí se puede nadar, acampar (en la naturaleza, gratis) o cenar en un restaurante. Las puestas de sol pueden ser fantásticas.

Para llegar, la carretera serpentea entre un paisaje de exuberante vegetación tropical, repleto de muros bajos plantados de hortensias. Poco después de la playa, el Poço do Bacalhau es una soberbia piscina natural, al pie de la gran cascada de Ribeira das Casas, cuyos perpetuos cambios no se cansa uno de observar cuando hace viento. El río está salpicado de molinos de agua y se dice que está habitado por anguilas, que solo comen los peninsulares.

Un poco más allá se encuentra la aldea de Ponta da Fajã, que es, si cabe, aún más el fin del mundo: la carretera termina allí, a los pies de una encantadora iglesia

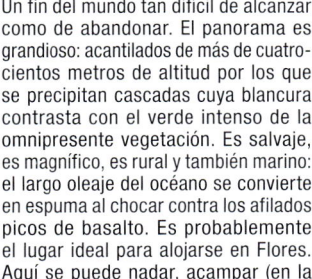

que parece diminuta en comparación con los acantilados. El paseo más bonito de la isla es la prolongación de la carretera en dirección norte, bordeando el mar hasta el faro de Albarnaz.

CASCADA POÇO DO BACALHAU

En la parte inferior de Fajã Grande, al comienzo del camino que lleva a Ponta da Faja.

Con más de noventa metros de altura, la Ribeira das Casas termina aquí su curso, precipitándose montaña abajo en una impresionante cascada. Muy abundante durante la época de lluvias, en verano se reduce a una espesa y abundante niebla. Sus aguas caen en una laguna rodeada de vegetación endémica, que sirve de zona de baño. Un encantador sendero conduce a la laguna y pasa junto a los antiguos molinos que antaño alimentaban la cascada. El más grande ha sido transformado en una casa rural.

POÇO DA RIBEIRA DO FERREIRO

El sendero de acceso comienza en la carretera de Fajazinha a Fajã Grande, entre los dos puentes sobre la Ribeira Grande. Tenga cuidado, el camino hecho de piedras puede ser muy resbaladizo después de la lluvia.

Se llega a él por un sendero que asciende suavemente por el bosque, un paseo de seiscientos metros, de lo más bucólico, que sigue y bordea unos arroyos, para terminar en un claro. Y allí aparece un impresionante acantilado verde, desde cuya cima se precipitan en cascada multitud de saltos de agua que terminan su caída en una laguna. Es sencillamente sublime, de una belleza sobrecogedora. Sin duda, el lugar más bello de la isla, y quizá también de las Azores.

VISITA

■ **LAS SIETE LAGUNAS** ⭐⭐

La isla de Flores cuenta con siete lagunas. La Caldeira de Lomba, la Caldeira Rasa y la Caldeira Funda, que deben sus nombres a sus diferentes niveles a pesar de su proximidad (360 m y 530 m), y por último la Caldeira Seca, Branca, Funda y Compridades. En la Caldeira Negra, el agua alcanza una profundidad de 108 metros, la máxima de las Azores, lo que confiere al lago un color casi negro que contrasta con el turquesa de su vecino. Siga las carreteras que suben hasta el lago, donde hay varios miradores desde los que podrá admirar las diferentes formaciones geológicas.

FAJÃZINHA ⭐⭐

Este pueblo cuenta con dos capillas del Espíritu Santo y una imponente iglesia, Nossa Senhora dos Remedios (1778), con un techo magníficamente pintado. También puede disfrutar de un paseo a lo largo del río para descubrir los mecanismos aún intactos de antiguos molinos.

Desde el mirador de Craveiro Lopes hay unas magníficas vistas de la gigantesca cascada de Ribeira Grande y sus trescientos metros de caída. Otro mirador, el de Fajãzinha, ofrece una magnífica vista del pueblo.

COSTA MERIDIONAL

LAJEDO ⭐

Este pueblo está situado en un lugar pintoresco. La sinuosa carretera que conduce hasta él está asfaltada al final. Pocos lugares de nuestra vieja y buena Tierra deben ser tan tranquilos.

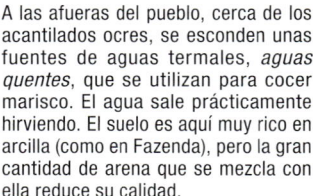

A las afueras del pueblo, cerca de los acantilados ocres, se esconden unas fuentes de aguas termales, *aguas quentes*, que se utilizan para cocer marisco. El agua sale prácticamente hirviendo. El suelo es aquí muy rico en arcilla (como en Fazenda), pero la gran cantidad de arena que se mezcla con ella reduce su calidad.

El barco *Slavonia,* naufragado en aguas del islote de Baixa Rasa el 10 de junio de 1909 (los pasajeros y la tripulación fueron rescatados), proporcionó un inesperado anticuario a los habitantes de la isla, que pudieron decorar y amueblar sus casas un poco más lujosamente.

Por último, Lajedo es el punto de partida de una interesante excursión (señalizada como PR-2 FLO): un paseo de diez kilómetros, de unas dos horas y media, le llevará a Fajã Grande pasando por Mosteiro, Fajãzinha y Ribeira Grande. A lo largo de todo el trayecto tendrá garantizadas unas magníficas vistas de la costa oeste de la isla. Para más información sobre la ruta y las condiciones de acceso, póngase en contacto con la oficina de turismo de Santa Cruz o visite el sitio web oficial de senderismo de las Azores: https://trails.visitazores.com/es.

LAJES DAS FLORES ⭐

El puerto pesquero de Lajes das Flores cobra vida del 15 al 19 de julio, durante la Fiesta de los Emigrantes. La iglesia de Nuestra Señora de las Angustias, un bello edificio del siglo XVIII, se construyó en cumplimiento de un voto hecho por los supervivientes españoles de un naufragio.

La iglesia de Nuestra Señora del Rosario, reconstruida en el siglo XIX, alberga tallas

© MIKADUN – SHUTTERSTOCK.COM

Lajes das Flores.

de madera y un incensario donado por el papa Pío X para agradecer a la población local su devoción durante el hundimiento del *Slavonia* en julio de 1909.
Por último, no se pierda el faro de Lajes, encaramado en lo alto de un acantilado. Marca este extremo de la isla.

FAJÃ DO CONDE

Justo al sur de Santa Cruz, ¡esta fue antaño una de las guaridas preferidas por los piratas! Una piedra conserva sus nombres. También se refugiaban en la cueva Enxareus. Este lugar de difícil acceso, que se hunde

cincuenta metros en la tierra y tiene unos veinticinco metros de ancho, está repleto de peces.

ROCHA DOS BORDÕES

Un fenómeno geológico muy curioso que es el resultado de la solidificación del basalto en altas crestas verticales. Es una colina imponente y muy fotogénica. No dude en visitar el pequeño pueblo de Mosteiro, enclavado en un paisaje refrescantemente bucólico donde la inmaculada iglesia contrasta con el verde de los prados y el negro de las viejas casas tradicionales.

CORVO

Pasar varios días en Corvo, un pequeño guijarro en el Atlántico, es una experiencia poco común. La isla tiene la escala humana de un pueblo, y su insularidad la convierte en un pequeño mundo en sí mismo, con sus sueños de

expansión, su historia y sus historias. Corvo vive al ritmo de una comunidad verdaderamente pequeña, y es una oportunidad para (re)descubrir los estrechos lazos que se han roto en nuestras hinchadas y angustiadas civilizaciones.

Es imposible captar en dos horas la fascinante atmósfera de este pedazo de tierra suspendido sobre el océano. Hay que ganarse la confianza para que los locales compartan un poco de su tempo con usted. Los más pacientes, los más curiosos o los más asustados por el mundo moderno encontrarán razones para no querer marcharse de las calles luminosas o empapadas de esta pequeña población. En cuanto a los que tienen prisa, siempre pueden permitirse una excursión de un día desde Flores.

La economía de Corvo se basa esencialmente en la producción de queso. La isla está tan aislada que su PIB per cápita es el más alto de todo Portugal: ¡hay muy pocas oportunidades de gastar el dinero!

VILA DO CORVO ⭐

Sencillamente, ¡es el único pueblo de la isla! Con un gran volcán en su centro, Vila do Corvo se ha establecido en la *fajã* más suave de la isla.

A pesar de su aislamiento, en Corvo encontrará casi de todo: Vila do Corvo cuenta con un hotel, algunos merenderos y restaurantes, un cajero automático, ¡e incluso la postal llega a su destino! Los alrededores son ideales para descansar, reflexionar, relajarse y disfrutar del mar.

■ PRAIA DA AREIA

Al oeste de Vila do Corvo, al final de la pista del aeropuerto.

Es la única playa de la isla que merece este nombre. Aquí no hay grandes extensiones de arena, solo una pequeña playa de arena negra poco frecuentada, con un gran acantilado al oeste que ofrece un marco natural excepcional. La playa está muy cerca de la pista del aeropuerto, pero no le molestarán mucho los raros aviones que aterrizan allí. En verano, el agua de las Azores alcanza fácilmente los 24 °C y es increíblemente transparente, ideal si quiere practicar esnórquel, o simplemente refrescarse después de un día de excursión.

© JEROEN MIKKERS

Lagunas en Vila do Corvo.

INFO PRÁCTICA

Cachalote y volcán Pico.
© TANE-MAHUTA – ISTOCKPHOTO.COM

INFO PRÁCTICA

Dinero

▶ **Moneda:** La moneda utilizada es el euro, al igual que en Portugal continental.

▶ **Coste de la vida:** Vivir es relativamente barato en comparación con España.

▶ **Medios de pago:** las tarjetas bancarias más comunes suelen ser bien aceptadas en los establecimientos turísticos, pero hay excepciones; por lo tanto, es mejor estar preparado y llevar siempre algo de dinero en efectivo

▶ **Regateo:** no es una práctica habitual.

▶ **Propinas:** las propinas son siempre bienvenidas, aunque nadie las espere realmente.

Equipaje

Aunque en las Azores nunca hace mucho frío, un buen jersey o forro polar sigue siendo esencial, incluso en verano, sobre todo si piensa hacer senderismo en la montaña. En la costa, bastará con un poco de lana. También necesitará un cortavientos y ropa ligera para la lluvia. Un buen calzado y una mochila también son aconsejables: las Azores son una invitación constante a caminar.

Electricidad

220 voltios como en España. No necesita adaptador.

Formalidades

Región autónoma de Portugal, las Azores forman parte de la Unión Europea y del espacio Schengen. Por ello, cualquier ciudadano europeo puede entrar y permanecer en las Azores por tiempo ilimitado con un documento de identidad.

Idiomas

Portugués, por supuesto, con diferentes pronunciaciones en las distintas islas (especialmente São Miguel) y bastante a menudo inglés, con un fuerte acento americano debido a la tradición emigratoria. No tendrá problemas en hacerse entender en español. Es cuestión de querer hacerlo.

Cuándo ir

A primera vista, los meses más favorables son los comprendidos entre mayo y septiembre: el tiempo es bastante estable, hace calor, la temperatura del mar es ideal, todos los lugares de interés están abiertos, las hortensias alegran las carreteras (sobre todo en mayo y junio) y muchas fiestas cálidas y coloridas animan hasta el pueblo más pequeño... Dicho esto, el invierno también puede deparar agradables sorpresas: de diciembre a febrero, las camelias florecen, las azaleas alegran el campo a partir de febrero, ¡y no hay nadie en las islas! Pero prepárese para los caprichos de la naturaleza en esta época del año: viento, niebla y lluvia.

QUÉ HACER / QUÉ NO HACER

Hacer

▶ **Llevar** un paraguas, un cortavientos y ropa versátil, incluso en verano. El clima es cambiante, y se puede encontrar con un julio tropical en la costa y a finales de noviembre en un volcán del interior. A menudo verá sol y lluvia en el mismo día.

▶ **Reservar** su coche de alquiler con antelación, sobre todo en verano. El parque de coches de alquiler se satura rápidamente, y es realmente la mejor forma de desplazarse para aprovechar al máximo las islas.

▶ **Ofrecer** algo si le invitan a alojarse en casa de un azoriano. La cultura portuguesa se basa en gran medida en la cortesía, que también es un valor muy importante en las Azores. Bombones, flores, vino, algo español o de la tierra... un regalo siempre es bienvenido. La hospitalidad es muy importante en las Azores, y sin duda tendrá que hacer uso de ella.

No hacer

▶ **Nadar** en cualquier parte del océano. Dependiendo de las corrientes y de la forma de la costa, puede ser un elemento peligroso, sobre todo si no está familiarizado con él. Las piscinas naturales son los mejores lugares para no correr riesgos especiales, así que elíjalos antes que el mar abierto. Pero tenga cuidado con los erizos de mar y las medusas: ¡compruebe antes el fondo! Asegúrese de que la zona de baño es frecuentada por lugareños y de que el tiempo es adecuado para nadar. Si no está seguro, no dude en pedir consejo a los azorianos que conozca.

▶ **Confundir** fiestas religiosas e iglesias con atracciones turísticas. Las Azores son muy católicas y los lugares de culto y rituales deben respetarse. Sea moderado a la hora de hacer fotos y vístase adecuadamente en estas ocasiones. No entre en las iglesias con ropa que no le llegue a las rodillas.

▶ **Perderse** haciendo senderismo con niebla. La niebla es muy común y puede caer de un momento a otro, sobre todo en los macizos volcánicos del interior. Las islas no son muy grandes, pero aun así hay que tener cuidado para orientarse en estas difíciles condiciones.

Salud

El agua del grifo es potable en todas partes, pero no necesariamente buena, y los estómagos (muy) débiles preferirán agua embotellada. En los restaurantes, nunca le servirán una jarra, así que incluya el agua en la cuenta final. Recuerde que todas las islas tienen servicio médico, pero hospital.

Seguridad

▸ **Viajeros con discapacidad:** hay algunas facilidades para personas con movilidad reducida en hoteles y restaurantes, pero no siempre en los autobuses del archipiélago.

▸ **Viajeros gays o lesbianas:** son tan aceptados en las Azores como en Portugal continental, es decir, sin hostilidad marcada pero con la desconfianza y el desdén a veces no disimulado de un país católico bastante tradicional.
Aquí y allá encontrará bares gays (principalmente en Ponta Delgada). Sin embargo, no siempre están claramente señalizados, para no destacar demasiado... ¡Por desgracia, algunos prejuicios siguen existiendo!

▸ **Viajar con niños** es bastante fácil en las Azores. La unidad familiar sigue siendo muy importante aquí, por lo que no se olvida a los niños.

▸ **Mujeres solas:** no hay ningún problema para las mujeres que viajan solas. Sin embargo, como los azorianos no están necesariamente acostumbrados a esta práctica, puede encontrarse con algunas miradas insistentes, pero nada demasiado grave.

Teléfono

▸ **Indicativo telefónico:** +351.

▸ **Para llamar desde España al interior del país:** 00 + prefijo del país + prefijo de la zona + número local.

▸ **Para llamar localmente:** las nueve cifras de un número de teléfono fijo (tres para el prefijo y seis para el número local) o un número de móvil.

▸ **Para llamar desde el país a España:** 00 + 34 + el número del corresponsal sin el 0.

© MLENNY – ISTOCKPHOTO.COM

Monte Pico.

ÍNDICE DE CONTENIDOS

INFO PRÁCTICA

O - P

Q - R

S

EDICIÓN

Coordinación de la colección:
ALHENAMEDIA, Stéphan SZEREMETA, Dominique AUZIAS y Jean-Paul LABOURDETTE
Autores: Baptiste THARREAU, Antoine RICHARD, Christophe SIMS, Anne-Sophie LAMOTTE, Jean-Paul LABOURDETTE, Dominique AUZIAS y otros
Director editorial: Francisco BARGIELA
Editora: Elena CODINA
Traducción y corrección: Antonio FERNÁNDEZ

DISEÑO Y DIAGRAMACIÓN

Maquetación y montaje: María de los Llanos ZOTES, Romain AUDREN, Julie BORDES, Delphine PAGANO
Iconografía y cartografía: Anne DIOT, Julien DOUCET

AUTORES Y CREADORES DE LA COLECCIÓN

Dominique AUZIAS y JEAN-PAUL LABOURDETTE
© Textos: Dominique AUZIAS y JEAN-PAUL LABOURDETTE
© Mapas: Petit Futé
© Edición en español: Alhena Fábrica de Contenidos y Petit Futé
© Traducción: Alhena Fábrica de Contenidos y Petit Futé

Editado por **Alhenamedia** conjuntamente con **Les Nouvelles Editions de l'Université**, 18, rue des Volontaires, París, Francia.
Publicado originalmente en Francés por Les Nouvelles Editions de l'Université bajo el título *Açores*.

■ CARNET DE VIAJE AZORES ■

ALHENAMEDIA
C/ Rabassa, 54, local 1. 08024 Barcelona
Tel. +34 934 518 437
alhenamedia@alhenamedia.info
www.alhenamedia.info
Cubierta: *Ermita de Nuestra Señora de la Paz. Ponta Delgada.* © Fulcanelli - stock.adobe.com.
ISBN : 978-84-18086-60-1
Depósito legal: B-5181-2025
Impreso en España por Gráficas Lidergraf

RECOJA Y RECICLE EL PAPEL USADO

EU Ecolabel
www.ecolabel.eu

EU Ecolabel:
PT/053/001